Gunther Köhler

Der Grüne Leguan
im Terrarium

86 Farbfotos
16 Zeichnungen und Diagramme

HERPETON
Verlag Elke Köhler

Titel: Grüner Leguan. Foto: Dr. W. Hickler
Insert: Jungtier des Grünen Leguans.
Foto: B. Kroker
Titel Rückseite: Nach dem Schlupf ...
Foto: J. Pichler
Foto Innenseite: Weibchen des Grünen Leguans in der Freilandanlage.
Foto rechts: Männchen auf einer Leguanfarm in Honduras.

Köhler, Gunther
Der Grüne Leguan
im Terrarium
Offenbach: Herpeton, 2001
ISBN 3-9806214-6-4

Fotos: Dr. Gunther Köhler, wenn nicht anders angegeben.
Layout und Satz: Elke Köhler, Offenbach

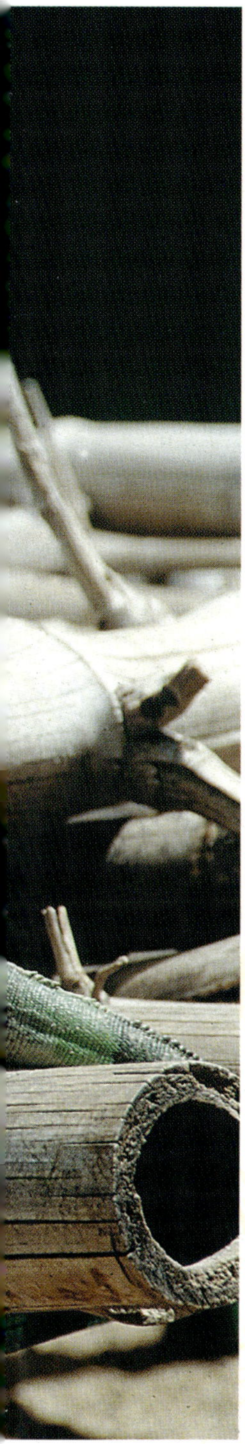

Inhalt

1. Einführung

Der Grüne Leguan (*Iguana iguana*) zählt trotz seiner beträchtlichen Größe zu den beliebtesten Terrarientieren. Er kann ein hohes Lebensalter von über zwanzig Jahren erreichen und wird oft erstaunlich zahm. Bei der Pflege werden jedoch aus Unwissenheit oder Bequemlichkeit häufig folgenschwere Fehler gemacht, welche die Lebenserwartung der betroffenen Tiere drastisch verkürzen können. Tatsächlich beruhen die meisten Erkrankungen bei im Terrarium gepflegten Leguanen auf Mißständen bei der Unterbringung und der Ernährung.

Um diese herrliche Großechse artgerecht halten zu können, muß man sich vorerst gründlich über die Bedürfnisse dieses tropischen Regenwaldbewohners informieren. Insbesondere bei der Ernährung dieser in der Natur fast ausschließlich pflanzenfressenden Tierart wird viel falsch gemacht, so daß schwere Stoffwechselstörungen nicht selten sind. Um den Grünen Leguan erfolgreich und regelmäßig züchten zu können, sollte sich jeder Halter mit der Fortpflanzungsbiologie der Tiere vertraut machen.

Die folgenden Kapitel sollen dem interessierten Leser vermitteln, welche Ansprüche Leguane an ihre Umwelt stellen und wie man diesen unter Menschenobhut gerecht werden kann.

Dieses Buch vermittelt die Kenntnisse für eine erfolgreiche Pflege und Zucht des Grünen Leguans. Grundlage ist das ausführliche Standardwerk »Der Grüne Leguan – Biologie, Pflege, Zucht und Erkrankungen« (Köhler 1998), welches unter anderem einen großen Freilandteil enthält.

Abb. 1. Männchen des Grünen Leguans. Foto: M. Schardt

2. Größe und Geschlechtsunterschiede

Abb. 2. Portrait eines ausgewachsenen Männchens.

Der größte bisher bekannt gewordene Grüne Leguan wies eine Gesamtlänge von 230 cm bei einem Gewicht von 10,5 kg auf. Dieser »Riese« befindet sich im »Chicago Museum of Natural History« (GABRIS, schriftl. Mitt. 1992). Die meisten Grünen Leguane erreichen jedoch »nur« eine Gesamtlänge von 120-140 cm (Männchen) bzw. 90-110 cm (Weibchen) bei einer Kopf-Rumpflänge (KRL) von 45-55 cm (Männchen) bzw. 35-45 cm (Weibchen), wobei die Weibchen nur durchschnittlich 75 % vom Gewicht der Männchen aufweisen (DUGAN 1982b).

Ausgewachsene Männchen haben einen sehr massigen Kopf. Die Backen im Bereich der vergrößerten Schuppen unter dem Trommelfell treten durch Muskelvergrößerung sowie Einlagerungen von Fettgewebe bei großen Männchen wulstig hervor. Bei ihnen ist der Kehlsack etwa 30 % größer als bei den Weibchen (BAKHUIS 1982).

Am deutlichsten lassen sich ausgewachsene Grüne Leguane jedoch anhand der Ausbildung von Rückenkamm und Femoralporen unterscheiden.

Ab einem Alter von etwa einem Jahr sind Männchen und Weibchen an den unterschiedlich großen

Abb. 3. Mit zwei bis drei Jahren erreicht der Grüne Leguan die Geschlechtsreife. Foto: J. Pichler

Femoralporen eindeutig zu erkennen. Bei geschlechtsreifen Männchen beträgt der Durchmesser der größten Femoralporen 1,0-4,5 mm, während er bei den Weibchen in der Regel unter 1 mm bleibt (RODDA 1991).

Auch der Rückenkamm ist bei den adulten Männchen wesentlich höher (bis zu 50 mm) als bei gleich großen Weibchen. Bei beiden Geschlechtern wachsen die Rückenkammstacheln zunächst im Halsbereich am schnellsten. Während nun im Laufe des weiteren Wachstums bei den Männchen die übrigen Kammbereiche relativ rasch das Niveau des Halsbereiches erreichen, finden sich bei den Weibchen zeitlebens die höchsten Rückenkammstacheln im Halsbereich (RODDA 1991).

Ein weiteres, relativ sicheres Unterscheidungskriterium sind die beim adulten Männchen gut sichtbaren Hemipenistaschen ventral am Schwanzansatz.

Entgegen den Empfehlungen von RIVAS & ÁVILA (1996) rate ich dringend vom Einführen einer Sonde in die Hemipenistaschen zur Geschlechtsbestimmung ab, da diese Methode bei Jungtieren unzuverlässig ist und es zu Verletzungen kommen kann. Bei erwachsenen Leguanen lassen die sekundären Geschlechtsmerkmale in der Regel eine eindeutige Geschlechtsdiagnose zu, so daß ein Sondieren überflüssig ist. Schwierigkeiten bereitet die Geschlechtsbestimmung bei kleinen und bei von dominanten Tieren unterdrückten Männchen, da diese in Aussehen und Verhalten den Weibchen gleichen (sexuelle Mimikry, DUGAN 1982b).

Männchen	**Weibchen**

Abb. 4-5. Ausprägung der Femoralporen bei männlichen (links) und weiblichen (rechts) Grünen Leguanen. Fotos: B. Kroker

Abb. 6-7. Beim erwachsenen männlichen Tier (links) wölben sich an der Schwanzwurzel die Hemipenistaschen vor. Fotos: B. Kroker

Abb. 8-9. Ausprägung des Rückenkamms. Die höchsten Rückenkammstacheln finden sich beim weiblichen Tier (rechts) stets im Nackenbereich.

3. Verbreitung und Lebensweise

Der Südamerikanische Grüne Leguan (Nominatform *Iguana iguana iguana)* ist im südlichen Mittelamerika (Costa Rica und Panama) und großen Teilen Südamerikas verbreitet. Die Unterart *Iguana iguana rhinolopha* (Mittelamerikanischer Grüner Leguan) ist vom nördlichen Mexiko bis nach Costa Rica verbreitet. Diese unterscheidet sich von der Nominatform durch das Vorhandensein von 2-3 Schnauzenhöckern (s. Abb. 36, S. 26).

Die klimatischen Bedingungen im Lebensraum des Grünen Leguans können je nach Standort recht unterschiedlich sein. Im tropischen Regenwald Mittel- und Südamerikas liegen die Tagestemperaturen im Schatten bei 30-35 °C (rote Kurve, Abb. 10) und sinken nachts

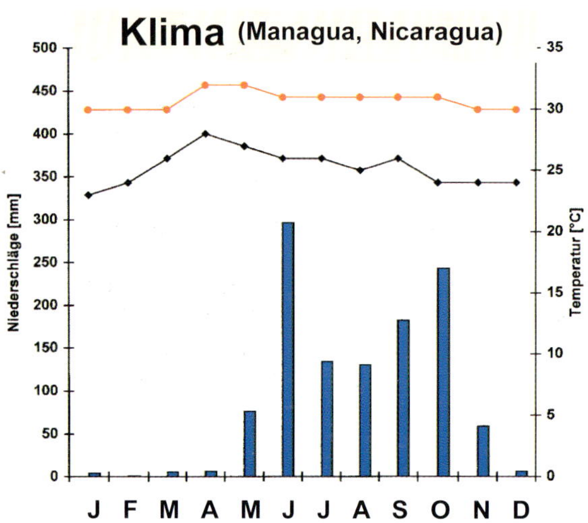

Abb. 10. Klima im Lebensraum von *Iguana iguana*.

Abb. 11 (unten). Fortpflanzungszyklus des Grünen Leguans in Panama (nach Rand & Greene 1982).

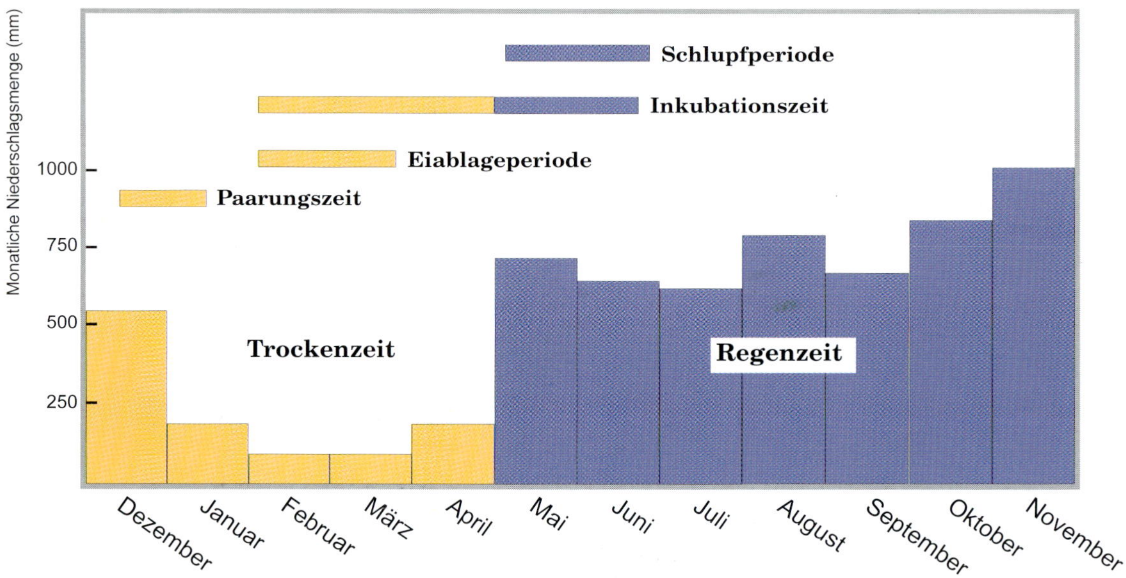

Abb. 12. Grüne Leguane leben oft in der Nähe von Gewässern. Das Foto zeigt ein männliches Tier bei San Ignacio (Belize). Foto: B. Kroker

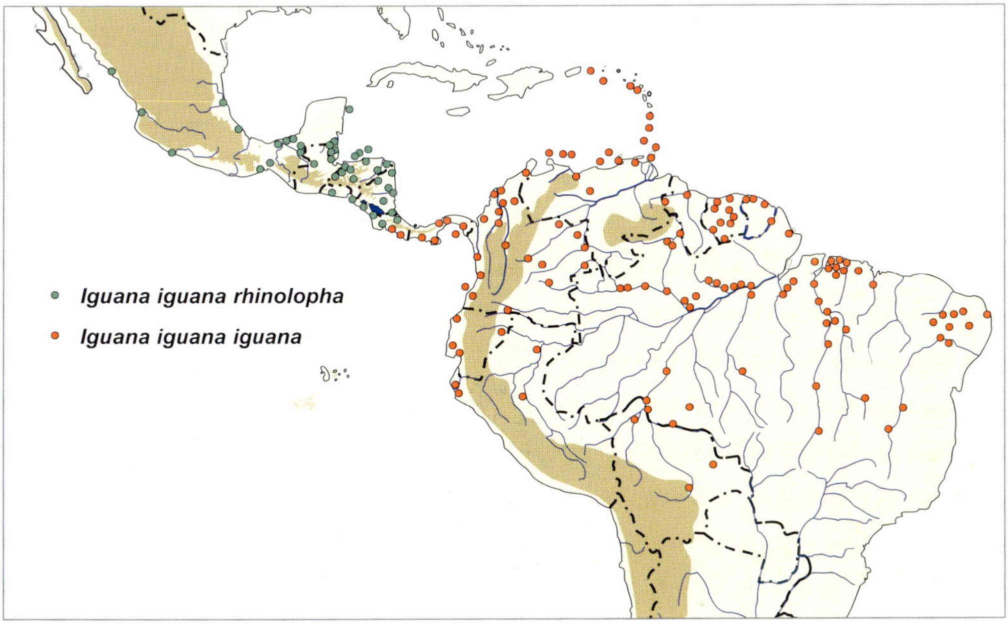

Abb. 13. Die Verbreitung der Grünen Leguane.

Abb. 14. Bevorzugt halten sich die Leguane im Geäst hoher Bäume auf (Utila, Honduras).

auf Werte von 20-26 °C. (schwarze Kurve, Abb. 10). Diese Bedingungen herrschen in den Tropen und Subtropen nur im Flachland, weshalb der Grüne Leguan in seiner vertikalen Verbreitung 1000 m N.N. kaum überschreitet. Der klimatische Jahreszyklus beinhaltet eine Regen- und eine Trockenperiode; letztere dauert mindestens drei Monate an, was für die erfolgreiche Inkubation der Eier von Bedeutung ist.

Der bevorzugte Biotop des Grünen Leguans ist der Wald des Tieflandes, meist in der Nähe von Bächen, Flüssen und Seen. Im Lebensraum müssen große Bäume in ausreichender Menge vorhanden sein, die den Tieren Nahrung, Schutz, Feuchtigkeit, Sonnen- und Schattenplätze bieten. Adulte Leguane halten sich bevorzugt in den Baumwipfeln auf und kommen nur gelegentlich (z.B. zum Sonnen, beim Baumwechsel oder auf der Flucht) auf den Boden. *I. iguana* ist sehr ortstreu und bleibt oft bis zu mehreren Wochen in einem Baum, der aufgrund seines Nahrungsangebotes sowie seiner Thermoregulations- und Schlafplätze alle Kurzzeitbedürfnisse befriedigen kann. Grüne Leguane fressen mehrfach täglich, verbringen insgesamt aber nur 20 bis 30 Minuten pro Tag mit der Nahrungsaufnahme (RODDA 1992). Leguane finden in ihrer unmittelbaren Umgebung normalerweise Blattnahrung in Hülle und Fülle.

Als tagaktive Tiere verbringen Grüne Leguane die Nacht schlafend im Geäst. Dabei liegen sie entweder einfach mit geschlossenen Augen auf einem kräftigen Ast oder geschützt in einer Baumspalte oder einer Asthöhle.

4. Pflege im Terrarium

4.1. Empfehlungen zum Erwerb und zur Eingewöhnung

Grüne Leguane zählen seit Jahren zu den beliebtesten Terrarientieren. Ihre Attraktivität hängt nicht nur mit ihrer imposanten Erscheinung, sondern auch mit ihrer oftmals erstaunlichen Zahmheit und Intelligenz zusammen. Allerdings stellen diese tropischen Echsen aufgrund ihrer Größe und besonderen Lebensweise hohe Anforderungen an ihre Besitzer. Wer mit dem Gedanken spielt, sich Grüne Leguane ins Haus zu holen, sollte **vorher** folgende Punkte bedenken und gegebenenfalls mit den Mitbewohnern besprechen:

- Innerhalb von ein bis zwei Jahren sind aus den wenige Zentimeter großen Jungtieren stattliche Echsen von über einen Meter Länge geworden, die dann ein sehr **geräumiges Terrarium** (mindestens 200x100x200cm LBH) benötigen.
- Grüne Leguane sind langlebig und können bei guter Pflege ein **Alter** von mehr als 20 Jahren erreichen.
- Grüne Leguane sind täglich zu versorgen. Der zeitliche **Arbeitsaufwand** für ein Männchen und ein oder zwei Weibchen beträgt mindestens 30 bis 60 Minuten pro Tag (Futterzubereitung, Fütterung, Reinigung von Futterschüssel, Trinknapf, Wasserbecken und Terrarium. Bei Problemen (Unverträglichkeiten, Krankheiten) oder der wünschenswerten Nachzucht (Trächtigkeit, Eiablage, Inkubation, Schlupf) erhöht sich der tägliche Zeitbedarf wesentlich. Man sollte sich auch Gedanken um eine **Urlaubsvertretung** machen.
- Man sollte sich darauf einstellen, daß eine **vorübergehende Einzelhaltung des Männchens** (mit Hilfe einer Trennwand oder einem zweiten Terrarium) notwendig werden kann, wenn es gegenüber vergesellschafteten Weibchen zu aggressiv ist. Dies tritt vor allem während der Paarungszeit auf, die zwei bis drei Monate im Jahr dauert.

Der Grüne Leguan wird im Anhang 2 des Washingtoner Artenschutz-Übereinkommens (CITES) geführt und ist in Anhang B der Verordnung EG Nr. 338/97 aufgelistet, die seit dem 1. Juni 1997 gültig ist. Für die Beförderung und die Vermarktung innerhalb der Europäischen Gemeinschaft ist für *Iguana iguana* als Anhang-B-Art keine CITES-Bescheinigung mehr notwendig. Man sollte dennoch beim Erwerb eines Grünen Leguans darauf achten, daß man Dokumente erhält, die Auskunft über die rechtmäßige Herkunft des Tieres geben.

Abb. 15. Nachzuchttiere gewöhnen sich leichter ein. Foto: J. Pichler

Noch sicherer ist es, sich eine CITES-Bescheinigung für das Tier ausstellen zu lassen. Für die Einfuhr in oder die Ausfuhr aus der Europäischen Gemeinschaft ist ein CITES-Dokument als Nachweis der Legalität auf jeden Fall erforderlich (MARTENS et al. 1997a). Durch die 3. Verordnung zur Änderung der Bundesartenschutzverordnung, die seit dem 14. Juni 1997 gültig ist, entfallen für den Grünen Leguan die zusätzlichen nationalen Ein- und Ausfuhrgenehmigungspflichten (MARTENS et al. 1997b). Beziehen kann man den vollständigen Text der Verordnung EG Nr. 338/97 beim: Bundesanzeiger Verlagsgesellschaft mbH, Postfach 10 80 06, 50667 Köln.

Man sollte auf jeden Fall versuchen, an **Nachzuchttiere** zu gelangen, um den Import von Wildfängen nicht zu unterstützen. Außerdem sind Importtiere durch Fang, Hälterung und Transport meist äußerst verstört, ängstlich und krank (insbesondere leiden die meisten von ihnen unter einem starken Parasitenbefall). Auch Nachzuchttiere sind oft nicht parasitenfrei, jedoch stabiler und haben weit weniger schlechte Erfahrungen mit dem Menschen gemacht. Sie verhalten sich deshalb zutraulicher, ruhiger und umgänglicher als ihre aus der Natur entnommenen Artgenossen.

Grüne Leguane sind außerordentlich sensibel. Grundsätzlich gewöhnen sich Jungtiere leichter ein als adulte Leguane, die durch den Streß oft wochenlang das Futter verweigern und sich durch eine verminderte Abwehrkraft häufig Erkrankungen wie z.B. Lungenentzündungen, Abszesse, Gelenkentzündungen und entzündliche Veränderungen im Maulbereich entwickeln können, die bei eingewöhnten, parasitenfreien Leguanen selten auftreten.

Wer mit der Leguanpflege beginnen will, sollte drei bis fünf Jungtiere erwerben. Ein eventueller Zuchterfolg ist dann natürlich nicht gleich möglich, dafür hat man um so mehr Freude an der Aufzucht der interessanten und liebenswerten Jungleguane. Da es bis zu einem Alter von etwa einem Jahr nicht möglich ist, Männchen und Weibchen sicher zu unterscheiden, hat man auch keinen Einfluß auf das Geschlechterverhältnis der Gruppe. Sollte sich im Laufe der Zeit herausstellen, daß man leider zwei Männchen erworben hat, so kommt man an einer Trennung der beiden nun unverträglichen Terrarienbewohner nicht vorbei. Ein Zuviel an Weibchen ist nicht allzu tragisch, da es bei diesen kaum zu Streitigkeiten kommt.

Unabhängig, von wem man einen Grünen Leguan übernimmt – selbst, wenn es sich um das langjährige Tier des zuverlässigsten Freundes handelt – eine sorgsam durchgeführte, 6-8wöchige **Quarantäne** ist ein unbedingtes Muß!

Man kann nie ausschließen, daß ein Tier eine ruhende (latente) Infektion hat, es also potentielle Krankheitserreger beherbergt, klinisch jedoch gesund ist. Der Streß des Orts- und Besitzerwechsels, verbunden mit oftmals gravierenden Veränderungen in Bezug auf Umgebung, Klima, Futter, vergesellschaftete Tiere, Keimdruck und Betreuer, kann dazu führen, daß sich die Abwehrlage des betroffenen Tieres verschlechtert, vorhandene Erreger sich stark vermehren können, und es schließlich klinisch krank wird. Abhängig davon, um welche Krankheitserreger es sich handelt, muß man nun im Falle einer versäumten Quarantäne nicht nur das Tier, welches die Erkrankung eingeschleppt hat, sondern auch alle anderen, die mit ihm Kontakt hatten, behandeln. Da nicht alle infektiösen Erkrankungen heilbar sind, kommt dann zu dem Mehraufwand in Bezug auf die Behandlung noch das Risiko, wertvolle Tiere aus dem eingewöhnten Bestand zu verlieren.

Ein gesunder Grüner Leguan ist aufmerksam und neugierig. Aktive Phasen, in denen Grüne Leguane fressen, imponieren, balzen oder einfach nur ihre Umgebung erkunden, wechseln sich mit solchen ab, in denen sie sich sonnen oder schlafen.

Schwerkranke Leguane weisen eingesunkene Augen, hervorstehende Beckenknochen und Muskelschwund an Extremitäten und Schwanz auf. Haut und Schuppenkleid sind von matter gelbgrüner

Abb. 16. Männlicher Leguan im Terrarium. Foto: J. Pichler

Farbe. Eine mit Daumen und Zeigefinger gebildete Hautfalte verstreicht nur sehr zögernd oder gar nicht. Sie liegen fast die ganze Zeit apathisch auf dem Boden und nehmen kaum Anteil an ihrer Umgebung. Wenn sie laufen, bewegen sie sich unsicher und senken in den Pausen immer wieder ihren Hinterleib auf den Boden.

Zum **Transport** (z.B. zum Tierarzt) sollte ein Leguan einzeln in einem trockenen Leinen- oder Baumwollbeutel untergebracht werden. Der Beutel kommt je nach Außentemperaturen in einen Papp- oder Styroporkarton, der mit Lüftungslöchern versehen ist. Bei Bedarf sorgt man mit Hilfe einer Wärmflasche dafür, daß die Transporttemperatur bei 20 bis 25 °C liegt.

Ich empfehle jedem Leguanpfleger, der Deutschen Gesellschaft für Herpetologie und Terrarienkunde (DGHT) sowie der »Arbeitsgemeinschaft Leguane IGUANA in der DGHT« beizutreten.

Diese AG, die 1986 als »Arbeitsgemeinschaft Grüner Leguan« gegründet wurde, gibt eine interne Informationsschrift (»IGUANA Rundschreiben«) mit Berichten über Pflege, Zucht, Erkrankungen etc. von Iguaniden sowie ein Mitgliederverzeichnis heraus. Einmal jährlich veranstaltet die AG eine Fachtagung mit Vorträgen, Diskussionen und Exkursionen.

4.2. Besatzdichte und Vergesellschaftung

Da ausgewachsene Männchen untereinander unverträglich sind und es zu Beschädigungskämpfen kommt, sollte man nur ein Männchen mit einem oder mehreren

Abb. 17. Auseinandersetzung erwachsener Männchen. Foto: J. Pichler

Abb. 18. Die Jungtiere werden getrennt von den erwachsenen Tieren aufgezogen.

Weibchen zusammen halten. Eine Einzelhaltung von Grünen Leguanen ist nicht zu empfehlen, da sie dann bei mangelnder Zuwendung leicht abstumpfen. Ein einzeln gehaltener Leguan benötigt genauso viel Platz wie zwei oder drei Exemplare. Auch beim Futter-, Strom- und Wasserverbrauch bestehen in dieser Hinsicht kaum Unterschiede. Leguane, die in einer Gruppe leben, gewöhnen sich in der Regel genauso schnell an ihren Pfleger und werden zahm wie Einzeltiere.

Keinesfalls darf man Babyleguane zu erwachsenen Tieren setzen, da es vorkommen kann, daß ein erwachsener Leguan ein Jungtier der eigenen Art als willkommenen Leckerbissen betrachtet.

Die Vergesellschaftung mit gleich großen Echsen, wie z.B. Tejus (*Tupinambis* sp.) oder Schwarzen Leguanen (z.B. *Ctenosaura similis*) ist gut möglich. Grundsätzlich sollte man darauf achten, daß man keine gegensätzlichen Ökotypen oder gar potentielle Beutetiere (z.B. kleine Echsen) auswählt.

Bei einer Vergesellschaftung mit Schildkröten ist besondere Vorsicht geboten, da diese oft klinisch gesunde Dauerausscheider von *Entamoeba invadens* darstellen. Echsen sterben jedoch innerhalb weniger Wochen an einer *Entamoeba*-Infektion. Wenn man neben Leguanen auch Schildkröten in separaten Terrarien pflegt, sollte man grundsätzlich erst die Echsenterrarien versorgen, bevor man sich mit den Terrarien der Schildkröten befaßt (KÖHLER 1992b).

Abb. 19. Grüne Leguane sollten nicht einzeln gehalten werden.

4.3. Wie wird mein Leguan zutraulicher?

Ich werde oft von frustrierten Leguanpflegern angerufen, deren Leguane seit dem Kauf schlecht fressen und sehr scheu sind. Meist erfahre ich dann, daß die Tiere im Zoohandel erworben wurden und es sich um Farmnachzuchten aus Mittel- oder Südamerika handelt.

Nur selten handelt es sich um Leguane, die in Deutschland vermehrt und direkt vom Züchter gekauft wurden. Der Unterschied liegt auf der Hand: Importtiere haben eine mindestens mehrtägige Reise hinter sich, ehe sie von der Farm über den Großhändler bis zum Zoofachgeschäft gelangt sind. Während dieser Zeit haben sie durchweg nur schlechte Erfahrungen mit Menschen gemacht und meist keine Nahrung aufgenommen. Eine mehrtägige Nahrungskarenz führt bei jungen Leguanen zu Verdauungsstörungen (Darmträgheit, Verstopfungen, Blähungen), was den Appetit der Tiere weiter dämpft und dazu führt, daß sie kaum oder nichts fressen.

So sitzen die Jungtiere noch Tage bis Wochen in den Verkaufsterrarien, ehe sie verkauft werden. Wie kann man erwarten, daß sich die Jungleguane nach solchen Strapazen und schlechten Erfahrungen mit dem Menschen gut eingewöhnen und bald zahm werden? Um einen solch schlechten Start zu vermeiden, sollte man versuchen, Nachzuchttiere direkt vom Züchter zu erwerben.

Statt eines Einzeltieres sollte man mit einer Gruppe von drei bis fünf Jungtieren beginnen, da sich Jungtiere des Grünen Leguans in der Gruppe sicherer fühlen. Auch in der Natur bleiben die Jungtiere während der ersten Lebensmonate im **Gruppenverband**.

Frechere und neugierigere Tiere verleiten die etwas Zurückhaltenderen dazu, sich weniger scheu zu verhalten. Der Futterneid fördert die Nahrungsaufnahme, so daß die Tiere insgesamt besser fressen als einzeln gehaltene

Abb. 20. In der Gruppe fühlen sich die Jungtiere sicherer.

Abb. 21. Der Futterneid fördert die Nahrungsaufnahme. Foto: B. Kroker

Exemplare. Ein einzeln gehaltener Leguan benötigt im Übrigen genauso viel Platz wie mehrere Exemplare. Auch beim Futter-, Strom- und Wasserverbrauch bestehen in dieser Hinsicht kaum Unterschiede.

Im folgenden ein paar Ratschläge, die den Leguanen das Eingewöhnen erleichtern und helfen, daß die Tiere ihre anfängliche Scheu schneller ablegen:

- Das Leguanterrarium sollte erhöht stehen, so daß die Tiere mindestens »auf Augenhöhe« mit dem Pfleger sind.

- Terrarien, die nur von oben zu öffnen sind (»umgebaute Aquarien«), sind völlig ungeeignet und abzulehnen für die Leguanpflege. Viele Fressfeinde der jungen Leguane (Greifvögel!) kommen von oben, weshalb die Tiere generell alles, was von oben kommt als bedrohlich ansehen.

- Auch sollte das Terrarium so aufgestellt werden, daß die Tiere so oft wie möglich Menschenkontakt haben, also in einem Zimmer, in dem sich der Pfleger und weitere Personen oft aufhalten.

Nur dann gewöhnen sich die Leguane an die Gegenwart des Menschen und empfinden die Anwesenheit des Pflegers nicht als Streßsituation. Wichtig ist, daß man sich die Zeit nimmt und jeden Tag ruhig und ohne Nervosität mit den Leguanen beschäftigt. Dabei sollte man sich zunächst entspannt vor das Terrarium setzen und die Leguane einfach mal beobachten. Dabei haben dann auch die Tiere Gelegenheit – aus sicherer Entfernung – ihren Pfleger zu beäugen, und man wird feststellen, daß die Leguane einen nicht aus den Augen lassen. Während der ersten Tage sollte man es dabei belassen.

Wenn man das Gefühl hat, daß die Tiere sich schon etwas an die eigene Anwesendheit gewöhnt haben, kann man vorsichtig die Tür oder Schiebescheibe öffnen und den Tieren ihr Lieblingsfutter (Banane, Wachsraupen etc.) von der Hand anbieten.

Ruckartige Bewegungen sind zu vermeiden und die Hand sollte sich von unten den Tieren nähern.

Man kann auch zunächst den Tieren die ganze Futterschüssel hinhalten, nachdem diese mit frischen Futter gefüllt wurde. Wenn die Leguane ängstlich (laufen weg, zeigen Drohgebärde) oder ablehnend (Augen schließen) reagieren, sollte man den Versuch abbrechen. Beginnt einer der Leguane hingegen zu fressen, kann man versuchen, die Schüssel soweit vom Sitzplatz des Leguans wegzuhalten, daß das Tier auf die andere Hand ,die man dazwischen hält, steigen muß, um ans Futter zu gelangen. Mit der Zeit wird der Leguan begreifen, daß von der Hand keine Gefahr ausgeht, sondern daß sie ihm etwas Gutes (Futter) bringt.

Oberstes Gebot ist Geduld, und man muß dem Leguan Zeit geben und darf gerade am Anfang nicht zu viel erwarten.

Abb. 22. Zwei Leguane im Freilandterrarium werden mit einem Leckerbissen gefüttert.

Aus dem Terrarium sollte der Leguan erst gelassen werden, wenn er einigermaßen zahm ist, damit das Zurücksetzen nicht in eine stressige Einfangaktion ausartet. Zum Rein- und Raussetzen sollte man den Leguan auf die Hand kriechen lassen, was man provozieren kann, indem man die Hand von vorne unter den Körper des Tieres schiebt. Wenn man die Hand dann ein wenig anhebt, klettert der Leguan meist von alleine ganz auf die Hand.

Grundsätzlich ergreift man einen Leguan nicht von oben oder von hinten, da dies seinen Fluchtreflex auslöst.

Abb. 23. Die Hand sollte sich vorsichtig und langsam von unten nähern.
Foto: J. Pichler

4.4. Das Terrarium

Zunächst muß der **Standort des Terrariums** festgelegt werden. Damit das Leguanterrarium nicht als »Fremdkörper« im Raum steht, empfiehlt es sich, eine Nische, Ecke oder Raumhälfte zu nutzen, in die sich die Konstruktion harmonisch einfügt.

Sehr vorteilhaft ist es, ein möglichst nach Süden gerichtetes Außenfenster zu integrieren, was den Zutritt von Sonnenlicht in das Terrarium erlaubt.

Obwohl das Licht durch das Isolierglas gefiltert wird und deshalb keine UV-Strahlung enthält, wirkt es sich durch die erhöhte Helligkeit im Terrarium enorm positiv auf das Wohlergehen der Leguane aus.

Mit Hilfe einer Wintergarten- oder (Anbau-) Gewächshauskonstruktion können während der Sommermonate wegen der gebotenen Lichtfülle ideale Lebensbedingungen für Leguane geschaffen werden. Man sollte aber bedenken, daß während der kalten Jahreszeit die Heizkosten unverhältnismäßig hoch sind, um in einem Wintergarten oder einem Gewächshaus die notwendigen tropischen Bedingungen zu gewährleisten. Wer über die entsprechenden Möglichkeiten verfügt, kann seinen Leguanen eine Zimmeranlage (für die Wintermonate) und zusätzlich ein modifiziertes Gewächshaus (für die Zeit von Mai bis September) bieten.

Abb. 24. Das Terrarium wurde in den Wintergarten integriert. Wenn in der Umgebung die gleichen tropischen Bedingungen, wie im Terrarium herrschen, können die Abgrenzungen aus Gittern bestehen. Foto: J. Pichler

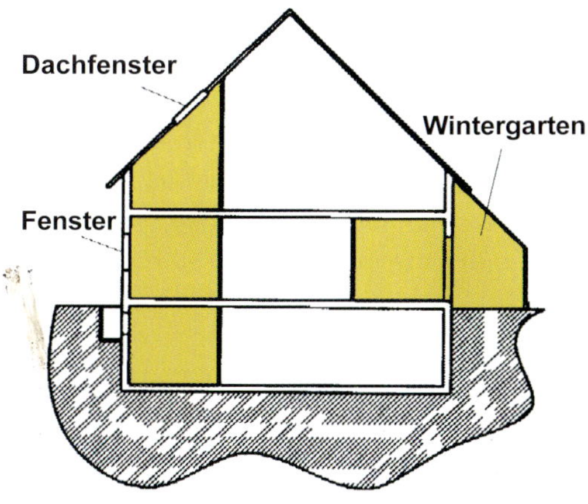

Abb. 25. Mögliche Standorte eines Terrariums im Haus.
Zeichnung: S. Furtwängler

4.4.1. Größe des Terrariums

Aufgrund ihrer Größe benötigen Grüne Leguane ein sehr geräumiges Terrarium. Als Mindestgröße eines Terrariums für ein adultes Paar sind 200x150x200 cm (LBH) anzusehen. Da man seine Tiere jedoch nicht an der Grenze des Erträglichen halten möchte, sollte die Terrariengröße so groß wie möglich gewählt werden. 250x200x200 cm (LBH) sind vernünftige Terrarienmaße für ein adultes Paar oder ein Männchen mit zwei Weibchen.

Für **Jungtiere** darf der Behälter nicht zu groß sein, da sie dann meist scheuer sind und schlechter fressen. Für zwei bis drei Leguane bis zu einer Gesamtlänge von etwa 500 mm (KRL 130-150 mm) genügt ein Terrarium mit den Maßen 100x60x100 cm (LBH).

4.4.2. Konstruktion eines Großterrariums

Terrarien für ausgewachsene Grüne Leguane sind aufgrund ihrer Größe kaum im Handel erhältlich und müssen in der Regel selbst gebaut werden. Da die räumlichen Voraussetzungen (zu Verfügung stehender Platz, klimatische Gegebenheiten, Vorhandensein von Fenstern etc.) jeweils sehr verschieden sein können, ist es nur schwer möglich, eine allgemeingültige Bauanleitung zu verfassen. Die folgenden Angaben sollen deshalb als Anregungen und Ideen dienen, die bei der Planung und Konstruktion des eigenen Terrariums entsprechend zu modifizieren sind. Man sollte sich bei der Planung eines solchen Großterrarium viel Zeit lassen und sich Anregungen bei anderen Leguanpflegern und in Zoologischen Gärten holen.
In jedem Falle muß gewährleistet sein, daß

- das Terrarium stabil, aber nicht unnötig schwer ist,
- die Materialien dauerhaft nässebeständig sind oder effektiv geschützt werden (feuchtwarmes Klima im Terrarium),
- die Konstruktion zweckmäßig ist und der Innenraum inklusive des Wasserbeckens leicht zu reinigen ist und
- die elektrischen Anlagen für die Tiere nicht erreichbar sind.

Die Konstruktion beginnt mit dem Bau eines Sockels, da bei ebenerdiger Bauweise die Installation des Wasserbeckenabflusses problematisch wäre. Als Material für den Sockel haben sich Gasbetonsteine (»Ytong«) bewährt, die einfach zu verarbeiten, leicht und stabil sind (WESIAK 1996). Nachdem man die Steine mit einer Ytong-Säge zurechtgesägt hat, werden sie mit Hilfe von Fliesenkleber verbunden.

Ein geräumiges **Wasserbecken**, das für erwachsene Leguane eine Größe von mindestens 60x60x20 cm (LBH) aufweisen sollte, darf schon aus Gründen des Terrarienklimas nicht fehlen. Als Wasserbecken kann man große glasfaserverstärkte Kunststoffwannen, wie sie für

Hydrokulturbecken angeboten werden, aber auch andere stabile Behälter verwenden.

Um die tägliche Reinigung zu erleichtern, muß das Wasserbecken über einen Ablauf und einen Zulauf verfügen. Mit einer Lochsäge wird in einer Ecke des Wasserbeckens ein rundes Loch für den Abfluß geschaffen. Der Abfluß selbst sollte ein durchgängiges Rohr sein, da gelochte Einsätze bei der späteren Reinigung durch Verstopfung Probleme bereiten können. Wenn möglich, führt man das Abflußrohr, in das man ein Absperrventil einbringt, direkt in die Kanalisation. Auf den Sockel unter das Wasserbecken kann man eine Heizmatte legen, die die spätere Erwärmung des Wassers auf 25-28 °C gewährleistet, ohne daß Heizelemente in das Wasser gebracht werden müßten. Auch die Installation von Heizkörpern oder Warmwasser-Heizungsrohren unter dem Becken oder die Erwärmung des gesamten (nach außen isolierten) Sockelinnenraums sind denkbare Lösungen.

Keinesfalls dürfen Aquarienheizstäbe oder ähnlich zerbrechliche Gegenstände im Wasserbecken installiert werden. Grundsätzlich müssen alle stromführenden Leitungen geschützt außerhalb des Terrariums verlaufen. Die Wanne wird so auf den Gasbetonsteinen plaziert, daß ein leichtes Gefälle in Richtung Abfluß vorhanden ist, damit das Becken sich später vollständig entleeren läßt.

Abb. 26. Ein Großraumterrarium mit den Maßen 4,50 m x 1,50 m x 2,50 m gibt den Leguanen viel Bewegungsfreiraum. Foto: T. Martin

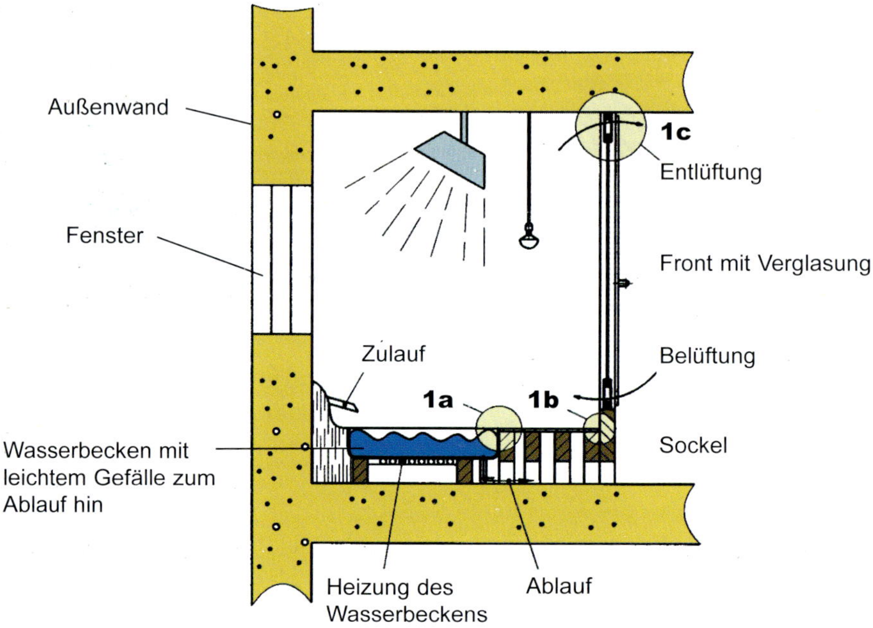

Abb. 27. Seitlicher Querschnitt durch ein Leguanterrarium.
Zeichnungen Abb. 27-32: S. Furtwängler

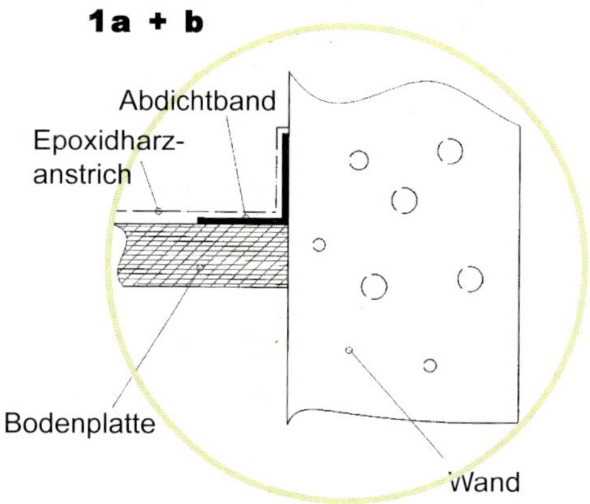

Abb. 28. Die Verbindungsstellen der Bodenplatte (bzw. Wasserbecken) zur Wand werden mit Gewebe- oder Abdichtband verklebt und anschließend mit Epoxidharz versiegelt. So wird der Innenraum unempfindlich gegen Nässe.

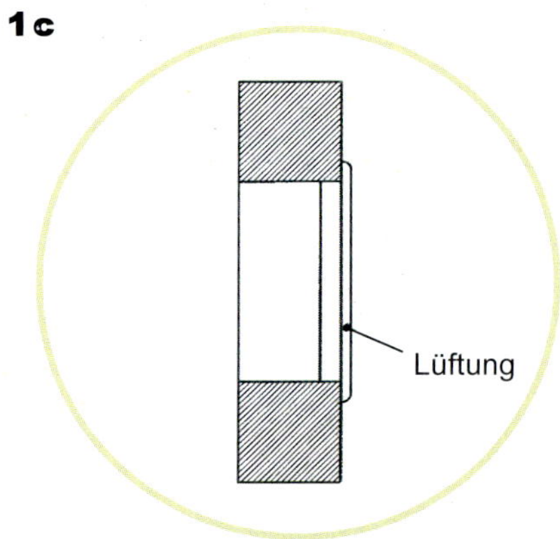

Abb. 29. Die Be- und Entlüftung kann mit Lochgitter oder handelsüblichen Lüftungen (z.B. für das Bad) aus Kunststoff oder Metall konstruiert werden. Herausnehmbare Lüfter haben den Vorteil, daß sie sich bei Verschmutzung reinigen lassen.

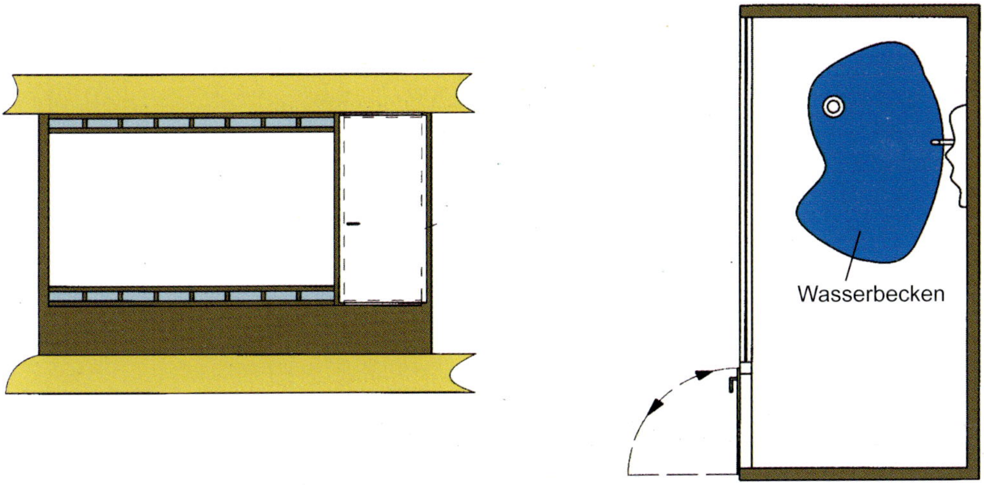

Abb. 30. Frontalansicht (links) und Aufsicht (rechts) eines Leguanterrariums.

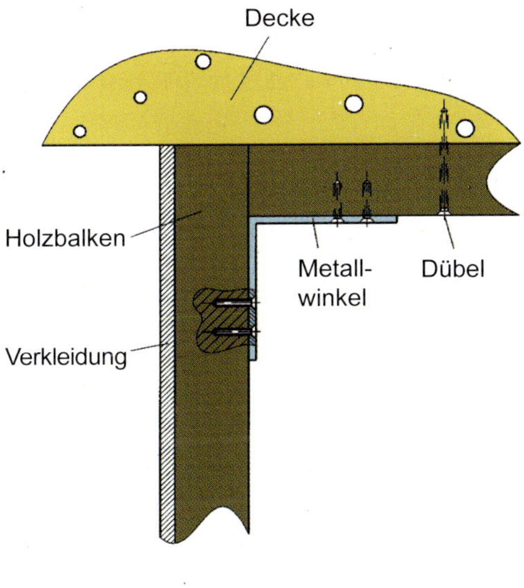

Abb. 31. Befestigung der Rahmenkonstruktion an der Decke bzw. Wand. Die Verbindungsstellen der Balken werden mit Metallwinkeln stabilisiert.

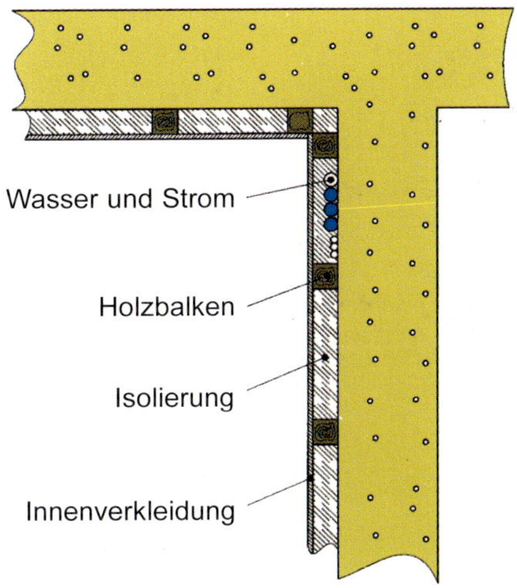

Abb. 32. Eine Isolierung der Zimmerwände zum Terrarium hin ist notwendig, damit keine Kältebrücken entstehen. In den Zwischenräumen lassen sich die Strom- und Wasserleitungen unterbringen, so daß sie für die Tiere nicht erreichbar sind.

Die Bodenfläche des Terrariums, die nicht vom Wasserbecken ausgefüllt wird, kann nun horizontal mit Gasbetonsteinen gemauert werden, wobei ein leichtes Gefälle in Richtung des Wasserbeckens geschaffen werden sollte, damit Beregnungs-, Spritz- und Reinigungswasser problemlos abfließen kann.

Bei der Konstruktion des **Sockels** muß darauf geachtet werden, daß man später immer noch an Teile der Anlage gelangt, um eventuell notwendige Wartungs- und Reparaturarbeiten (z.B. an Abfluß oder Heizung) durchführen zu können.

Die **Wände** des Terrariums können ebenfalls aus Gasbetonsteinen gemauert werden. Eine Alternative ist es, zunächst einen stabilen Rahmen aus Vierkanthölzern (4x6 cm) zu bauen und die Innenflächen dann mit Holz- oder Fermacellplatten zu verkleiden. Bei der Planung des Rahmens sollte bereits an die spätere Einrichtung des Terrariums gedacht werden, da die großen Äste (Baumstämme?) stabil befestigt werden müssen.

Wenn vorhandene gemauerte Wände einbezogen werden sollen, müssen diese gut isoliert werden. Styroporplatten von fünf Zentimeter Stärke, die mit Styroporkleber an den Wänden fixiert werden, leisten hierbei gute Dienste. Nachdem der Rahmen fertiggestellt ist, werden die Innenseiten mit Platten verkleidet. Ich habe sowohl mit Holz (19 mm Tischler- oder auch Preßspanplatten) als auch mit anderen Materialien (z.B. Gipsfaserplatten) gute Erfahrungen gemacht. In jedem Fall muß das Material gegen Feuchtigkeit gut isoliert werden, um dauerhaft haltbar zu sein. Nachdem die Platten an die Rahmenkonstruktion geschraubt worden sind, können die Fenster für die Belüftungsgitter und Ventilatoren ausgesägt werden.

Bei der Konstruktion der durchsichtigen **Front** sollte man sich unbedingt von einem Glaser beraten lassen und auch den Einbau dem Fachmann überlassen. Je nach

Abb. 33. Bei der Planung sollte einkalkuliert werden, daß große Äste stabil befestigt werden müssen.
Foto: B. Kroker

Größe der Scheiben wird man 8 bis 12 mm starke geschliffene Glasscheiben verwenden, die auf Rollen gelagert sind.

Um die **Innenflächen** dauerhaft beständig gegenüber feuchter Wärme zu machen und gleichzeitig ein ansprechendes Erscheinungsbild zu erhalten, kann man mit Hilfe von Haftputz, Zementfarbe, Epoxidharz und Sand künstliche Felswände schaffen. Die Grundstruktur (Erhebungen, Vorsprünge etc.) einer künstlichen Felswand wird aus Styropor geschaffen, das mit einem erhitzten Messer leicht bearbeitet werden kann. Danach wird die gesamte Styroporoberfläche mit Zement-Haftputz, der mit Zement-Farbe (»gold-ocker«) angefärbt wird, verputzt (Dicke mindestens 1-2 cm) und mit einem nassen Pinsel entsprechend modelliert, wobei darauf geachtet werden muß, daß keine scharfen Kanten entstehen. Damit die Felswand kratzfest und abwaschbar wird, erhält sie einen Anstrich mit farblosem Epoxidharz. Noch im feuchten Zustand wird das Harz mit gesiebtem Sand beworfen, wodurch die »Felswand« Sandsteincharakter erhält. Das Sieben des Sandes ist wichtig, damit die Oberfläche schließlich nur wie feines Schmirgelpapier ist und keine messerscharfen Vorsprünge aufweist. Das Resultat dieser etwas mühevollen Konstruktion ist eine »Felswand« die dauerhaft kratzfest sowie leicht abwaschbar und desinfizierbar ist. Um die Innenwände feuchteresistent zu machen, kann man sie auch fliesen oder mehrfach mit Epoxidharz streichen. Die Fugen müssen dann mit Silikon versiegelt werden.

Abb. 34-35. Entstehung einer künstlichen Felswand.

Heizung

Leguane sind wie alle Reptilien »wechselwarm«, weshalb den Temperaturbedingungen im Terrarium eine lebenswichtige Bedeutung zukommt. Leguane versuchen, ihre Körpertemperatur während ihrer Aktivitätszeit in einem Bereich von 34-37 °C (sogenannte Aktivitätstemperatur) zu halten (McGinnes & Brown 1966). Untersuchungen haben ergeben, daß Grüne Leguane

Abb. 36. Bei Überhitzung hechelt der Leguan mit offenem Maul.
Foto: J. Pichler

bei einer Umgebungstemperatur von 35 °C mehr Nahrung zu sich nehmen, besser verdauen und schneller wachsen als bei 28 °C (MARKEN LICHTENBELT 1992, BAER 1994).

In der Natur gelingt den Tieren diese Thermoregulation durch die Wahl des Aufenthaltsortes (Sonne, Halbschatten oder Schatten; im Freien, im Wasser oder in einer Höhle etc.), durch Verhaltensweisen (z.B. Abflachen und Ausrichten des Körpers in Richtung Sonne) und durch Variieren der Färbung (dunkler bzw. heller).

Damit die Leguane auch im Terrarium ihre Körpertemperatur durch Thermoregulation im Optimalbereich halten können, ist es unbedingt notwendig, verschiedene Temperaturzonen zu schaffen.

Es muß Zonen im Behälter geben, an denen die **Temperatur** 40-45 °C erreicht und solche, die mit 20-25 °C deutlich kühler sind. Damit die Tiere aber nicht übermäßig viel Zeit mit der Aufrechterhaltung der optimalen Körpertemperatur verbringen müssen, sollte die Grundtemperatur der Luft in etwa zwei Drittel des Terrarienvolumens bei 30-35 °C liegen.

Eine »kühlere Periode« ähnlich der Winteruhe unserer heimischen Reptilien existiert im natürlichen Lebensraum des Grünen Leguans nicht, weshalb oben genannte Temperaturbedingungen das ganze Jahr über herrschen müssen. Eine Reduktion von Licht oder Wärme z.B. während des Urlaubs sind tierfeindliche Maßnahmen, die zu Gesundheitschäden bei den Leguanen führen.

Die Erwärmung des Terrariums kann mit Wärmestrahlern, Heizmatten, Heizkabeln, Warmwasserrohren, Heizkörpern und Heizlüftern geschehen. Die Wahl der Geräte ist abhängig von der Terrariengröße und dem Konstruktionstyp.

Bei einem Großterrarium mit Sockel kann in den Hohlraum unter dem Terrarium eine Heizung eingebaut werden, wobei Warmwasserrohre oder Heizkörper, die an die Zentralheizung angeschlossen sind, Verwendung finden können. Elektrische Heizlüfter sind zwar auch möglich, verbrauchen aber empfindlich viel Strom. Der Boden und die Seiten des Sockels müssen gegen Wärmeverlust nach außen isoliert werden, die Decke des Sockels (=Boden des Terrariums) natürlich nicht, damit die Wärme über diese in den Terrarieninnenraum geleitet wird. Für die Temperaturregelung müssen Thermostate eingesetzt werden, um mit der »Sockelheizung« die notwendige **Nachttemperatur von 20-25 °C** im Terrarieninnenraum zu erreichen.

Bei der Verwendung von Wärmelampen (z.B. Elstein-Strahler) ist darauf zu achten, daß die Geräte sicher abgeschirmt sind und den Tieren der direkte Kontakt oder Zugang unmöglich gemacht wird. Schwere Verbrennungen können ansonsten die Folge sein (s. Abb. 96, S. 72). Die **Abschirmung** kann mit Hilfe eines Drahtkäfigs um den Strahler verwirklicht werden. Die Maschenweite des Gitters muß fein genug sein, um ein Durchschlüpfen der Leguane zu verhindern. Auch muß der Drahtkäfig an jedem Punkt genug Abstand zur Heizquelle haben (je nach Leistung des Gerätes 10-25 cm), damit sich der Draht nicht zu stark aufheizt.

Beleuchtung

Die **Beleuchtungsdauer** kann das ganze Jahr über 12 Stunden täglich betragen.

Die an der Decke des Terrarieninnenraums installierte Beleuchtung des Terrariums erzeugt nicht nur Licht, sondern auch die Wärme, die notwendig ist, um die Luft tagsüber auf Werte zwischen 30 und 35 °C zu erwärmen und lokale Wärmeinseln von 40 bis 45 °C zu schaffen.

Die von Lichtquellen ausgesandte Strahlung kann in mehrere Kategorien eingeteilt werden: sicht-

Abb. 37. Im Terrarium müssen verschiedene Temperaturzonen geschaffen werden. Foto: M. Schardt

Abb. 38. Sonnenlicht wirkt sich sehr positiv auf das Wohlbefinden der Leguane aus. Foto: J. Pichler

bares Licht, Infrarot-Strahlung und ultraviolette Strahlung. Das sichtbare Licht weist ein Wellenlängenspektrum zwischen 400 und 700 Nanometer (nm) auf. Die für den Menschen unsichtbare Infrarot- oder Wärmestrahlung zeichnet sich durch Wellenlängen größer als 700 nm aus und spielt eine Rolle bei der Thermoregulation der Leguane, da sie ihnen ermöglicht, sich aufzuwärmen. Die ultraviolette Strahlung (UV-Strahlung) wird in drei Kategorien eingeteilt, die aber fließende Übergänge aufweisen. Das langwellige UV-A (320-400 nm), das mittelwellige UV-B (285-320 nm) und das kurzwellige UV-C (200-285 nm). Nur UV-A- und UV-B-Strahlung findet bei Reptilien Anwendung, da UV-C-Strahlung zu aggressiv ist.

Qualität, Intensität und tägliche Dauer der **Terrarienbeleuchtung** haben großen Einfluß auf Wohlbefinden, Gesundheit und Fortpflanzung der Leguane.

In der Natur unterliegen die drei genannten Parameter großen Schwankungen im Jahres- aber auch im Tagesverlauf. Nicht nur morgendliche und abendliche Dämmerung, sondern auch die Wetterverhältnisse führen zu sehr unterschiedlichen Lichtverhältnissen im Verlauf eines Tages. Die langfristigen Wirkungen der wesentlich konstanteren Klimabedingungen unter Terrarienbedingungen auf Wohlbefinden, Gesundheit und Fortpflanzung der Leguane sind noch unbekannt (GEHRMANN 1994a). Ich empfehle, zumindest eine morgendliche und abendliche Dämmerungsperiode zu verwirklichen, indem morgens eine schwache Lichtquelle (z.B. eine 40 Watt Glühbirne) eine halbe Stunde vor der Hauptbeleuchtung eingeschaltet wird. Diese Dämmerungsbeleuchtung läßt man abends eine halbe Stunde länger als die Hauptbeleuchtung brennen.

Im Terrarium ist es in der Regel leider um ein Vielfaches dunkler als im natürlichen Lebensraum der Leguane. Während die Tiere in der Mittagssonne einer Helligkeit von mehr als 100.000 Lux ausgesetzt sind, werden im Terrarium üblicherweise kaum 1.000 Lux erreicht (GEHRMANN 1987, 1994a).

Bei der Planung der Beleuchtungsinstallation liefern die Spektralkurvendiagramme wertvolle Informationen über die Qualität der verschiedenen Produkte (GEHRMANN 1994b).

Zur Ausleuchtung des Terrariums haben sich Halogen-Metalldampf-Lampen (HQI-Strahler), die ein ausgezeichnetes Spektrum besitzen, sehr bewährt. Die von ihnen erzeugte Helligkeit ist bei verhältnismäßig sparsamen Stromverbrauch überaus zufriedenstellend. Auch mit Leuchtstoffröhren können brauchbare Ergebnisse erzielt werden. Für ein Terrarium mit den Maßen 200x200x200 cm (LBH) werden aber mindestens zehn Röhren á 40 W benötigt, um eine befriedigende Helligkeit zu erreichen. Für die Schaffung von Wärmeinseln, die von den Leguanen zum »Sonnenbaden« aufgesucht werden, kann man entweder Halogenstrahler (z.B. Sylvania Halogen HI-Spot 120, 75 W oder Osram Halopar 30, 75 W; beide für Fassung E 27) oder Concentra Par Spots (80 bis 120 W) einsetzen.

Wichtig ist eine regelmäßige **UV-Bestrahlung**, wobei ich deren positiven Einfluß auf das Allgemeinbefinden sowie auf die Fortpflanzungsbereitschaft mindestens ebensoviel Bedeutung beimesse, wie ihrer antirachitischen Wirkung.

Meine Leguane werden täglich 20 Minuten mit einer Osram-Ultravitalux-Leuchte (300 W) aus einem Meter Abstand bestrahlt. In Terrarien ab einem Volumen von ca. zwei Kubikmetern sollte eine Osram-Ultravitalux-Leuchte fest installiert werden, die, über eine Zeitschaltuhr gesteuert, 20 Minuten täglich brennt.

Für ein Terrarium mit den Innenmaßen 200x200x200 cm (LBH) verwende ich folgende Lampenkombination:

- 2 HQI-Strahler (HIT-DE 150 NW, 150 W),
- 2 Leuchtstoffröhren (40 W),
- 2 Halogenstrahler (100 W).

Diese Angaben dürfen nur als Richtwerte verstanden werden, da aufgrund terrarienspezifischer Bedingungen (Isolation, Raumklima, Belüftung) Abweichungen notwendig sein können (z.B. wegen zu niedriger Tagestemperatur oder Überhitzung). Unbedingt muß ein neues Terrarium zunächst mehrere Tage probelaufen, bevor die Tiere Einzug halten können. Während dieser

Testphase wird an mehreren Stellen in unterschiedlicher Höhe die Temperatur gemessen und durch Variation der Lampenbestückung und der Belüftung (Öffnung der Lüftungsschlitze, Anzahl und Betriebsdauer der Ventilatoren) die Temperatur eingestellt.

Sprüh-, Befeuchtungs- und Beregnungsanlagen

Die relative Luftfeuchte sollte tagsüber 50 bis 80 % betragen und nachts auf 80 bis 100 % ansteigen (KÖHLER 1988b). Damit Grüne Leguane sich im Terrarium fortpflanzen, ist es notwendig, daß das Terrarienklima nicht das ganze Jahr über konstant ist, sondern vielmehr einem bestimmten Jahreszyklus unterliegt. Hierbei ist vor allem wichtig, Trocken- und Regenzeiten entsprechend nachzuahmen.

Während der Regenzeit (Mai bis Oktober) sollte es im Leguanterrarium täglich mehrfach kräftig »regnen«, während es in den übrigen Monaten deutlich trockener sein muß (ein- bis zweimaliges Beregnen pro Woche).

Das Sprühen von Wasser im Terrarium kann mit Handsprühern oder Drucksprühgeräten manuell erfolgen, was vor allem bei kleinen und mittelgroßen Terrarien die einfachste Lösung ist. Insbesondere bei den großvolumigen Terrarien für erwachsene Leguane ist die Installation einer Beregnungsanlage dringend anzuraten. Die im Handel erhältlichen Sprüh- und Bewässerungsanlagen für den Gärtnereibedarf eignen sich für unsere Zwecke hervorragend. Für ein Terrarium mit den Innenmaßen 200x200x200 cm (LxBxH) werden an der Terrariendecke sechs bis zehn Düsen angebracht und mit Schläuchen so verbunden, daß ein in sich geschlossenes Kreissystem entsteht. Nur so ist gewährleistet, daß aus allen Düsen die gleiche Wassermenge kommt. Wenn man die Düsen

Abb. 39. Zum Sprühen sollte temperiertes Wasser (22–28 °C) verwendet werden. Foto: J. Pichler

nur hintereinander in einer Kette anbringt, ohne den Kreis zu schließen, kommt es zu einem Druckabfall von Düse zu Düse, so daß aus der letzten deutlich weniger Wasser kommt als aus der, die dem Druckregler am nächsten ist. Ein Bewässerungscomputer (z.B. von der Firma Gardena) ist zwar praktisch, aber nicht unbedingt nötig. Die Beregnungsanlage kann auch direkt an einen normalen Wasserhahn angeschlossen und manuell bedient werden.

Auch die Installation eines Ultraschall-Luftbefeuchters kann eine sinnvolle Investition sein, um die Luftfeuchtigkeit im Behälter zu erhöhen. Allerdings ersetzen diese Geräte nicht das Sprühen oder Beregnen im Terrarium, da nur Nebel produziert wird, eine Regenimitation aber unbedingt erforderlich ist. Ultraschall-Luftbefeuchter sind recht wartungsintensiv und dürfen meist nur mit destilliertem Wasser betrieben werden. Über ein Rohr, dessen Durchmesser ausreichend groß bemessen sein muß (60-80 mm), wird der Wasserdampf in das Terrarium geleitet. Unbedingt muß die Rohröffnung im Terrarium mit einem Gitter gegen das Eindringen der Leguane gesichert werden.

4.4.3. Einrichtung

Da der Grüne Leguan ein Baumbewohner ist, müssen unbedingt ausreichende und geeignete **Klettermöglichkeiten** geboten werden. Mehrere quer verlaufende knorrige Äste, deren Durchmesser mindestens doppelt so groß wie der Körperumfang der Leguane sein muß, sind günstiger als ein Kletterbaum. Die Oberfläche der Äste soll den Leguanen sicheren Halt ermöglichen, weshalb solche mit dicker, borkiger Rinde (z.B. Weide, Robinie, Apfelbaum, Eiche) ideal sind.

Die Reinigung des Terrariums wird sehr erleichtert, wenn die Äste nicht ganz bis zum Boden reichen, sondern etwa 20 cm darüber angebracht sind. In jedem Fall ist darauf zu achten, daß die Astkonstruktion dauerhaft stabil ist.

Abb. 40. Die Äste sollten eine knorrige Rinde haben und doppelt so dick wie der Körperumfang der Leguane sein. Foto: B. Kroker

Abb. 41. Korkröhren dienen als Versteckplätze. Foto: J. Pichler

Sehr bewährt haben sich Korkrindenröhren, die den Leguanen Halt beim Klettern bieten und auch als Schlafplätze gern angenommen werden.

Die Wahl des **Bodengrundes** sollte sehr sorgfältig geschehen. Eine sehr einfache, leicht zu reinigende und für die Leguane ungefährliche Bodenbedeckung ist Fließ- oder Zeitungspapier und Kunstrasen. Man kann den Boden auch fliesen, so daß er bei Bedarf leicht abgewaschen werden kann. Allerdings werden die ästhetischen Bedürfnisse des Terrarienbesitzers mit diesen Bodenbedeckungen kaum befriedigt. Rindenmulch sieht wesentlich natürlicher aus und speichert gut die Feuchtigkeit. Nachteilig ist, daß man den ebenfalls dunklen Kot nur schwer entdecken kann und Rindenmulch im trockenen Zustand staubt. Hobelspäne bleiben mit den ausgefransten Rändern leicht am Futter hängen und werden dann beim Fressen mit aufgenommen. Insbesondere bei Jungtieren können gefressene Hobelspäne zu lebensgefährlichen Magen- und Darmverstopfungen führen. Ich selbst konnte dies als Todesursache bei drei auf diese Weise gehaltenen Jungtieren feststellen.

Die Aufzucht der Nachzuchtleguane gelingt problemlos auf Kunstrasen, Fließ- oder Zeitungspapier. Bei der Verwendung von Kies, Sand oder Blähton besteht

Abb. 42. Robuste Pflanzen sind für die Einrichtung von Jungtierterrarien geeignet. Foto: B. Kroker

Abb. 43. Manche Leguane fressen besser, wenn die Futterschale erhöht angebracht ist. Foto: B. Kroker

ebenfalls die Gefahr, daß die Leguane lebensbedrohlich große Mengen davon fressen, was insbesondere bei Tieren mit einem Mineralstoffmangel beobachtet worden ist.

Eine **Bepflanzung** ist in einem Terrarium mit erwachsenen Grünen Leguanen leider problematisch, da diese in kürzester Zeit von den Leguanen gefressen, niedergetreten oder abgebrochen wird. Bei entsprechender Raumgröße kann man versuchen, Pflanzen an Stellen zu plazieren, die für die Leguane unzugänglich sind, oder auch, die Pflanzen durch Gitter vor den Tieren zu schützen. Echte Pflanzen wirken sich sehr positiv auf das Terrarienklima aus.

Sehr robuste Pflanzen, wie z.B. *Yucca*-Palmen und *Philodendron,* halten in Jungtierterrarien eine Zeitlang den Einwirkungen der Tiere Stand.

Die **Futterschale** kann man einfach auf den Boden stellen. Es gibt jedoch Leguane, die nur dann ausreichend fressen, wenn das Futter in einer gewissen Höhe (130 bis 150 cm über dem Boden) angeboten wird. In diesen Fällen sollte man in entsprechender Höhe eine stabile Vorrichtung zur Aufnahme der Schale installieren.

4.5. Das Freilandterrarium

Im Sommer kann man Grüne Leguane bei schönem Wetter tagsüber in einer Freiland-Voliere halten, was ihnen sehr gut bekommt. Es ist nicht nur die UV-Strahlung durch das ungefilterte Sonnenlicht, sondern auch die Lichtfülle überhaupt sowie die vielen Reize, die stimulierend auf die Leguane wirken. Die Tiere sind wesentlich aufmerksamer und aktiver, erkunden neugierig die (zunächst ungewohnte) Umgebung und zeigen meist eine intensivere Färbung als im Zimmerterrarium.

Eine Leguanvoliere sollte großzügig bemessen sein, wobei ich für ein adultes Paar vier bis acht Kubikmeter empfehle. Am einfachsten ist es, eine stabile Rahmenkonstruktion aus Holz mit kunstoffummanteltem Drahtgitter zu bespannen.

Abb. 44. Die Lichtfülle und die vielen Reize wirken stimulierend und die Leguane sind aktiver. Foto: B. Kroker

Unbedingt muß darauf geachtet werden, daß

- die Leguane nicht entweichen (z.B. sich herausgraben) können,
- potentielle Freßfeinde und Schadtiere (Nager) nicht eindringen können und
- mehrere Plätze vorhanden sind, die Schatten spenden und Schutz vor Regen bieten.

Um ein Entweichen der Leguane und das Eindringen unerwünschter anderer Tiere zu verhindern, kann man entweder ein solides Fundament aus Holz oder Beton schaffen, eine Holz- oder Betonpalisade fünf-

Abb. 45. Der Autor (Mitte) beim Bau einer Leguanvoliere auf Utila (Honduras).

Abb. 46. Freilandvoliere aus Holz mit kunststoffummanteltem Drahtgitter. Foto: B. Kroker

zig Zentimeter tief in den Boden einlassen oder die Voliere erhöht auf Füße stellen und den Boden ebenfalls mit Drahtgeflecht versehen.

Das Freilandterrarium wird mit kräftigen Ästen ausgestattet, die den Leguanen Klettermöglichkeiten bieten und als Aufenthaltsplätze geeignet sind. Eine Futterschale und ein Wasserbecken ergänzen die Einrichtung.

Normalerweise wird man seine Leguane für die **Nacht** ins Zimmerterrarium zurücksetzen. Nachts darf man die Tiere nur draußen lassen, wenn die Temperaturen nicht unter 18-20 °C sinken.

Werden Grüne Leguane bei 16-18 °C gehalten, sterben sie nach wenigen Wochen (MENDELSSOHN 1980). Temperaturen unter 7 °C sind schon innerhalb kurzer Zeit tödlich für sie (MENDELSSOHN 1980).

Die Letaltemperatur von *Iguana iguana* liegt bei 46-47 °C, aber schon bei Temperaturen von 41-42 °C beginnen sie mit geöffnetem Maul zu hecheln. Wenn möglich, halten Grüne Leguane ihre Körpertemperatur tagsüber recht konstant bei 34-37 °C. Die Vorzugstemperatur liegt bei 41 °C, wird jedoch nur kurzzeitig erreicht (HIRTH 1963, MCBEE & MCBEE 1982, MCGINNES & BROWN 1966, MENDELSSOHN 1980, MÜLLER 1972). Halbschatten wird gegenüber praller Sonne deutlich bevorzugt.

Abb. 47. Eine sichere Verdrahtung ist besonders wichtig. Foto: B. Kroker

4.6. Zimmeraufenthalt

Der Grüne Leguan ist ein Bewohner des Tieflandregenwaldes in Mittel- und Südamerika, wo Tagestemperaturen von 30-35°C bei einer relativen Luftfeuchtigkeit je nach Saison von 60-90 % erreicht werden. Nachts sinkt die Lufttemperatur auf 24-26°C, während die Luftfeuchtigkeit auf 95-100 % steigt. Diese Bedingungen sind im Terrarium ohne weiteres nachzuahmen. In einem (Wohn-) Zimmer ist dies nur begrenzt möglich, will man vermeiden, daß das Zimmer gleichzeitig zu einem idealen Lebensraum für Pilze und Bakterien wird, mit der Folge, daß insbesondere die Tapeten von einem Schimmelrasen überzogen werden. Dies würde dann nicht nur für die Leguane ein Gesundheitsrisiko darstellen. Meist wird aber den im Wohnzimmer freilaufenden Leguanen kein tropisches Klima angeboten, sondern lediglich mit Hilfe eines Wärmestrahlers eine »Wärmeinsel« geschaffen, die es dem Leguan ermöglicht, sich immer wieder aufzuwärmen. Damit wird man den Bedürfnissen dieser Echsen aber keineswegs gerecht. Wenn die Zimmerluft eine Temperatur von weniger als 25 °C aufweist, muß der Leguan unverhältnismäßig viel Zeit unter dem Wärmestrahler verbringen, um seine Kerntemperatur auf »Betriebshöhe« zu halten. Der lange herabhängende Schwanz, der sich nicht im Strahlungskegel befindet,

Abb. 48. Der Grüne Leguan benötigt tropische Klimabedingungen (Männliches Tier auf Roatán; Honduras).

ist meist deutlich kühler. Dies führt zu einer verminderten Durchblutung des Schwanzes, was langfristig das **Absterben und Eintrocknen des Schwanzes** von der Schwanzspitze her zur Folge haben kann.

Kühle oder sogar zugige Bereiche im Zimmer können zu **Gesundheitsschäden** bei den Echsen führen. Nicht nur der klimatische Tageszyklus entspricht im Wohnzimmer kaum den natürlichen Gegebenheiten. Insbesondere der Jahreszyklus mit Regen- und Trockenzeiten kann ohne ein geeignetes Großterrarium nicht nachvollzogen werden.

Der klimatische Jahreszyklus steuert aber maßgeblich den Fortpflanzungszyklus der Leguane. Abgesehen davon, daß »Wohnzimmerleguane« nur in Ausnahmefällen zur Zucht schreiten, kann es durch das Fehlen der klimatischen Stimuli zu **Follikelreifungsstörungen** und Übertragen von Follikeln kommen, die unbehandelt zum Tode des betroffenen Weibchens führen.

Weiterhin ist die **Unfallgefahr** für freilaufende Leguane im Wohnzimmer nicht zu unterschätzen: mit ihren langen Krallen können Leguane in Steckdosen gelangen; beim Prüfen mit der Zunge können Haare aufgenommen werden, die sich um die Luftröhrenöffnung legen und diese einschnüren (ANDERSON 1976); bei Sprüngen gegen Fensterscheiben können sich die Leguane lebensgefährliche Verletzungen zuziehen.

Gegen einen gelegentlichen Ausflug im Zimmer ist nichts einzuwenden, wenn dies unter Beaufsichtigung geschieht und das Zimmer entsprechend »leguangerecht« eingerichtet ist. Ansonsten ist die Unfallgefahr unabsehbar groß. Leguane haben ein beträchtliches Kletter- und Sprungvermögen, was ihnen ermöglicht, auch vermeintlich »unerreichbare« Lampen, Regale etc. zu erreichen und die dort möglicherweise stehenden Gläser »abzuräumen«. Die sehr neugierigen Tiere erkunden jeden Winkel ihrer Umgebung und prüfen dabei alles mit ihrer Zunge. Beim Belecken von Gegenständen nehmen die Echsen aber nicht nur Duftstoffe, sondern auch möglicherweise vorhandene Krankheitserreger auf.

Dieses **Infektionsrisiko** ist um so größer, je mehr das Leguanzimmer mit Straßenschuhen betreten wird, womöglich sogar mit

Abb. 49. Ein Zimmeraufenthalt sollte nur kurzfristig und unter Aufsicht geschehen.

Schuhen, die beim Betreten von anderen Leguanräumen, -terrarien oder gar Freilandterrarien von Schildkröten (KÖHLER 1992) verwendet werden.

Schuhsohlen können als Transportmittel für Pilzsporen, Bakterien, Viren und Parasitenstadien dienen. Um das zu vermeiden, sollten Leguanterrarien und Räume, in denen Leguanen Auslauf gewährt wird, grundsätzlich nicht mit Straßenschuhen, sondern nur mit dafür vorgesehen Hausschuhen oder mit Überziehschuhen betreten werden. Abzulehnen ist die Dauerhaltung dieser Echsen im Wohnzimmer, da diese wegen der oben genannten Risiken und klimatischen Bedingungen zu Gesundheitsproblemen bei den Leguanen und einer deutlich herabgesetzten Lebenserwartung führt.

4.7. Ernährung

Grüne Leguane werden im Gegensatz zu fleischfressenden Echsen täglich gefüttert. Die Futterreste werden abends entfernt und die Futterschale mit warmem Wasser gereinigt.

Freilebende Grüne Leguane ernähren sich überwiegend von Blättern, was eine sehr ballaststoffreiche voluminöse Nahrung mit einem nur geringen Protein- und Fettgehalt darstellt (HENDERSON 1974, TROYER 1984a, b, RAND et al. 1990, KÖHLER 1992b). Dies gilt nicht nur für adulte Leguane, sondern auch für Jungtiere (HIRTH 1963, VAN DEVENDER 1982). Allerdings ist der Grüne Leguan ein potentieller Allesfresser, was bedeutet, daß die Tiere die unterschiedlichsten Nahrungsmittel annehmen. Im natür-

lichen Lebensraum, wo Grüne Leguane überwiegend mit Blättern, Blüten und Insekten als mögliche Nahrung konfrontiert werden, ist es ihnen möglich zu entscheiden, was bekömmlich ist und was nicht.

Unter Terrarienbedingungen kann man sich jedoch nicht auf den Instinkt der Leguane verlassen. Die Palette der angenommenen Nahrung reicht von Nudelsalat und Pommes frites über Katzen- und Hundefutter aus der Dose bis hin zu Sahnetorte und Pudding. Daß dies jedoch ernährungsphysiologisch nicht der natürlichen Nahrung des Leguans entspricht, liegt auf der Hand. Abgesehen von akuten Problemen wie Gärungen und Blähungen, kommt es langfristig zu lebensbedrohenden Stoffwechselerkrankungen wie Gicht, Fettleber und Arteriosklerose (s. S. 69f).

Leider hat die Kost, die Leguanen im Terrarium angeboten wird, in den meisten Fällen nur wenig Ähnlichkeit mit der Nahrung der freilebenden Artgenossen. Statt einer Vielfalt an Blättern und Blüten zahlreicher Pflanzenarten wird den unter Menschenobhut lebenden Tieren bestenfalls ein Gemisch aus verschiedenen Früchten und Gemüsen sowie unterschiedliche Mengen an tierischen Proteinen angeboten.

Abb. 50 (links). Eine Gruppe Grüner Leguane bei der Mahlzeit.
Foto: J. Pichler

Abb. 51. Blätter machen den Hauptanteil in der Nahrung aus.
Foto: B. Kroker

Man muß sich bei der Aufstellung des **Fütterungsplanes** unbedingt an den Ernährungsgewohnheiten der freilebenden, sich **vegetarisch** ernährenden Leguane orientieren.

Blätter machen mengenmäßig den Hauptanteil in der Nahrung aus, so daß auch im Terrarium 60 bis 80 % des Futters aus Blättern oder ernährungsphysiologisch vergleichbaren Substanzen bestehen muß.

Der Früchteanteil sollte insbesondere wegen des ungünstigen Calcium-Phosphor-Verhältnisses

Abb. 52 (links) Feldsalat, geraspelte Karotten und Keimlinge dienen im Winter als Hauptbestandteile. Foto: S. Lenhart

Abb. 53 (rechts). Beispiel eines idealen Leguanmenues im Sommer mit viel Löwenzahn. Foto: B. Kroker

Abb. 54 (unten) Der Früchteanteil darf nur sehr gering sein. Foto: S. Lenhart

der meisten Früchte 30 % nicht wesentlich überschreiten. Von Frühjahr bis Herbst sollte man reichlich und abwechslungsreich wildwachsende Blattgemüse wie Löwenzahn, Breit- und Spitzwegerich, Milchdistel, Vogelmiere, Klee, Gänseblümchen, Wein- und Himbeerblätter und Taubnessel anbieten (selbstverständlich mit unten genannten Vitamin- und Mineralstoffzusätzen). Eine Ergänzung des Speiseplans mit geraspelten Karotten und verschieden Früchten ist sinnvoll.

Vereinfacht dargestellt, erhalten meine Leguane folgende Futtermischung:

40 - 70 %	Blätter, Kräuter, Keimlinge und Sprossen
10 - 15 %	geraspelte Karotten
0 - 5 %	sonstiges Gemüse (Gurke, Paprika, Tomate, ...)
5 - 10 %	Früchte
3 - 5 %	Haferflocken
2 %	Hefeflocken
2 %	Weizenkeime
0,5 - 1 %	Mineralstoffpräparat

Bei der Zubereitung ist auf **Hygiene** sehr zu achten. Die Zutaten werden gründlich unter fließendem Wasser gewaschen, Karotten werden vor dem Raspeln geschabt.

Wenn vorhanden, füttert man überwiegend Blattnahrung. Zusätzlich sollte den Leguanen ein Gemisch aus geraspelten Karotten, Haferflocken, Hefeflocken, Weizenkeimen und Keimlingen bzw. Sprossen angeboten werden. Keimlinge und Sprossen stellen eine wertvolle Ergänzung des Leguanfutters vor allem in den Wintermonaten dar. Sie können sehr einfach und effektiv in Keimapparaten gezogen werden. Besonders zu empfehlen sind Kresse, Luzerne, Mungobohnen, Linsen, Sonnenblumenkerne, Erbsen, Leinsamen und Weizen (Köhler 1996a). Pflanzen mit einem ungünstigen Calcium:Phosphor (Ca:P) Verhältnis sollte man nicht zu häufig füttern, bzw. das Verhältnis durch Calciumgaben verbessern. Zu diesen Pflanzen bzw. deren Früchten zählen z.B. Banane, Apfel, Honigmelone, Paprika, Pfirsich und Tomate. Ein sehr günstiges Ca:P-Verhältnis haben hingegen Alfalfa (=Luzerne), Karotte, Klee, Löwenzahn und Kresse.

Abb. 55. Blätter, wie Löwenzahn oder Luzerne werden gerne gefressen.
Foto: B. Kroker

Die tägliche Essensration der Leguane sollte aus vielen verschiedenen Komponenten bestehen. Darüber hinaus kann man das Nahrungsangebot saisonal variieren. Das Futter sollte nicht säuberlich sortiert auf dem Teller angeboten werden, da die Leguane sonst nur die Leckerbissen fressen. Besser ist es, die einzelnen Komponenten gut zu vermischen, so daß die Tiere gezwungen sind, die angebotene Vielfalt auch wahrzunehmen.

Lebenswichtig ist eine Ergänzung des Speiseplans mit **Mineralstoff- und Vitaminpräparaten**. Da Knochenstoffwechselstörungen gerade beim Grünen Leguan häufig sind, gilt zur Vorbeugung, daß eher zuviel als zu- wenig Mineralstoffe ins Futter gegeben werden. Außerdem sollte man immer geriebene

Abb. 56. Keimlinge bilden eine gute Nahrungsbereicherung. Foto: Biokosma

Inhaltsstoffe einiger Lebensmittel

Lebensmittel	Eiweiß g/100g	Fett g/100g	Kohlenhydrate g/100g	Calcium mg/100g	Phosphor mg/100g	Ca:P
Gemüse:						
Aubergine	1,2	0,2	4,9	12	20	1,0:1,7
Brunnenkresse	0,1	0,0	0,2	9	3	3,0:1,0
Endivien	1,8	0,2	2,6	68	54	1,3:1,0
Feldsalat	1,8	0,4	2,4	32	50	1,0:1,6
Grünkohl	4,3	0,9	5,4	230	180	1,3:1,0
Gurke	0,6	0,2	3,1	15	23	1,0:1,5
Kopfsalat	1,4	0,2	2,6	38	32	1,2:1,0
Löwenzahn	2,6	0,6	9,2	174	70	2,5:1,0
Karotten	1,1	0,2	8,8	37	36	1,0:1,0
Paprika	1,2	0,3	5,1	10	26	1,0:2,5
Spinat	2,5	0,3	2,9	252	102	2,5:1,0
Tomate	1,0	0,2	2,9	13	27	1,0:1,2
Zuccini	1,6	0,4	3,3	30	25	1,2:1,0
Obst:						
Apfel	0,2	0,6	13,9	7	10	1,0:1,4
Aprikose	1,0	0,2	12,3	17	11	1,5:1,0
Banane	1,1	0,2	21,8	8	27	1,0:3,4
Birne	0,6	0,4	13,0	10	14	1,0:1,4
Brombeere	1,2	1,0	12,3	44	30	1,5:1,0
Erdbeere	0,8	0,5	8,3	24	25	1,0:1,1
Himbeere	1,3	0,4	10,3	40	44	1,0:1,1
Honigmelone	0,6	0,1	13,4	6	21	1,0:3,5
Kirschen	1,1	0,4	14,7	20	20	1,0:1,0
Kiwi	0,9	0,6	12,5	40	31	1,3:1,0
Papaya	0,6	0,1	3,5	23	15	1,5:1,0
Pfirsich	0,7	0,1	10,1	8	21	1,0:2,7
Pflaume	0,6	0,1	13,7	14	18	1,0:1,3
Weintraube	0,7	0,3	18,1	15	20	1,0:1,3
Tierische Kost *:						
Ei	12,9	11,5		54	210	1,0:4,0
Grillen				340	859	1,0:2,5
Maus (adult)	19,9	8,8		840	610	1,4:1,0
Rinderherz	18,5	3,7		5	190	1,0:38

***Achtung**: tierische Kost darf nur in Ausnahmefällen gefüttert werden: trächtige Weibchen (maximal 1 Maus pro Woche) bzw. Jungtiere (maximal 1x pro Woche Insekten).

Sepiaschale anbieten, die in der Regel gern gefressen wird. Jungtiere, die besonders anfällig für Knochenstoffwechselstörungen sind, erhalten zusätzlich zu den Mineralstoffgaben täglich Calcium-Lactat über das Futter.

Das Calcium muß gegenüber dem Phosphor in der Nahrung überwiegen (vgl. Tabelle). Blattgemüse haben ein gutes **Calcium-Phosphor-Verhältnis** und sind zur Verfütterung an die Leguane gut geeignet. Manche Lebensmittel, wie Obst oder tierische Nahrung, haben ein ungünstiges Ca:P Verhältnis. Besonders **tierische Kost darf nur in Ausnahmefällen** geboten werden.

In Terrarianerkreisen hat es sich mittlerweile herumgesprochen, daß eine Ergänzung der Nahrung mit **Multivitamin- und Mineralstoffpräparaten** zur Gesunderhaltung der Pfleglinge notwendig ist. Leider ist der Glaube, daß auch bei Vitaminen »je mehr desto besser« gelte, weit verbreitet, so daß Fälle klinisch manifester Vitamin-D-Vergiftungen immer wieder angetroffen werden.

Ein Zuviel an Vitamin D_3 führt zu einem ständig erhöhten Blutcalciumspiegel (Hyperkalzämie) und schließlich zu Ablagerungen von Calciumsalzen in Organen. Ab welcher Dosierung es beim Grünen Leguan zur Vitamin-D-Vergiftung kommt, ist nicht sicher bekannt. Bei Leguanen, die über einen Zeitraum von vier bis sechs Monaten eine tägliche Dosis von 100 I.E. Vitamin D_3 erhalten hatten, konnten jedoch bereits Kalkablagerungen in Weichteilgeweben nachgewiesen werden (ZWART & WATERING 1969).

Die **Vitamin-Präparate** Multi-Mulsin und D-Mulsin (1:1 gemischt) enthalten – soweit das für Reptilien bekannt ist – die einzelnen Vitaminkomponenten in günstiger Zusammensetzung und werden von den Tieren meist anstandslos genommen. Man sollte diese Tropfen jedem Tier gezielt verabreichen, z.B. mit einer Blüte, einem Blatt oder einem Futtertier.

Als **Richtdosierung** empfehle ich entgegen älteren Angaben (KÖHLER 1993) 50-100 I.E. D_3/kg Körpermasse wöchentlich. Biologisch aktive Stoffe wie Vitamine und Hormone werden nicht in Gewichts- oder Volumeneinheiten (z.B. mg, ml) angegeben, sondern in »Internationalen Einheiten« (I.E.).

Pro 1 ml Multi-Mulsin sind nach Herstellerangaben 750 I.E Vitamin D_3 enthalten. Da 1 ml des Präparates etwa 27 Tropfen entspricht, enthält ein Tropfen ca. 28 I.E. Vitamin D_3.

Formel zur Berechnung der Präparatmenge

$$\frac{\text{Gewicht des Tieres in kg} \times \text{empfohlene wöchentliche Dosis Vitamin } D_3}{\text{I.E. Vitamin } D_3 \text{ im Präparat pro Tropfen}}$$

= Anzahl der Tropfen des Präparats pro Woche

Beispiel

$$\frac{0{,}5 \text{ kg} \times 50 \text{ I.E. } D_3}{28 \text{ I.E. } D_3} = \begin{array}{l}0{,}89 \text{ Tropfen} \\ \sim 1 \text{ Tropfen wöchentl.}\end{array}$$

Tabelle 1. Inhaltsstoffe einiger Lebensmittel.

Es hat sich bewährt, zusätzlich zu dem Futtergemisch in der Schale Löwenzahn und andere frischen Kräuter aus dem Garten in ein mit Wasser gefülltes Gefäß zu stecken, damit die Blattnahrung nicht verwelkt (SCHLAGEHAN 1996). Außerdem ist es vorteilhaft, wenn pflanzenfressende Echsen ihr Futter wie in der Natur abzupfen können und nicht nur aus der Futterschale aufnehmen. Für Jungtiere kann man Orchideensteckröhrchen (kleine Plexiglasröhrchen mit Gummiverschluß; im Blumenladen erhältlich) verwenden, die mit Wasser gefüllt und mit Futterpflanzen (Löwenzahn, Milchdistel, Oregano, Vogelmiere u.a.) bestückt werden. Für erwachsene Leguane kann man entsprechend größere Röhrchen oder Flaschen verwenden. Das Grün bleibt ca. zwei Tage im Terrarium frisch, so daß ich die Röhrchen schon abends bestücken kann und die Tiere früh morgens frisches Futter vorfinden.

Abb. 57. Für Jungleguane eignen sich Orchideensteckröhrchen, die mit Futterpflanzen bestückt werden.

Die Blätter werden mit Korvimin ZVT leicht bestäubt, um eine ausreichende Mineralstoffversorgung der Tiere zu gewährleisten.

Im Handel sind mehrere **Fertigfutter für Leguane** erhältlich, die in Konservenform oder als Pellets angeboten werden. Obwohl die Hersteller damit werben, daß es sich um vollwertige Alleinfutter für Leguane handele, stehen Langzeituntersuchungen über den langfristigen Effekt dieser Produkte auf die Gesundheit der Leguane noch aus.

Solange die wissenschaftlichen Grundlagen für die Produktion eines nachweislich langfristig gesunden, ausbalancierten und vollwertigen »Alleinfutter für Leguane« ausstehen, ist eine abwechslungsreiche Ernährung wie oben beschrieben, durch kommerzielle Fertigfutter nicht zu ersetzen. Pellets unterscheiden sich nicht nur in ihrem Wassergehalt, sondern auch in ihrer Struktur wesentlich von frischen Blättern. Als vorübergehende Notlösung oder Ergänzung können diese Fertigfutterprodukte für Leguane sinnvoll sein, nicht aber als langfristiges Hauptfutter.

Mindestens einmal am Tag setzen Grüne Leguane geformten dunkelbraunen bis olivgrünen Kot von weicher bis »knetbarer« Konsistenz ab. Zusammen mit dem Kot scheiden sie auch Flüssigkeit (»Kotwasser«) und Harnsäure (weißlich oder gelblich gefärbter Anteil) aus. Ein »Urinieren« unabhängig vom Abkoten gibt es bei Leguanen nicht. Der Grüne Leguan kotet bevorzugt über Wasserflächen ab.

4.7.1. Schädliche Inhaltsstoffe einiger Pflanzen

Einige Pflanzen enthalten schädliche Inhaltsstoffe und sollten deshalb nicht oder nur in geringen Mengen verfüttert werden.

Oxalsäure (z.B. in **Rhabarber**, **Sauerampfer** und **Spinat)** verbindet sich mit den Calciumionen des Blutes zu Calciumoxalat und führt so zu einer Senkung des Blutcalciumspiegels (»Calciumräuber«). Hierdurch kommt es zu einer Verlängerung der Blutgerinnungszeit und eventuell zu Kreislaufschäden. Bei massiver Calciumoxalatbildung kristallisiert dieses in den Nieren aus, was zu schweren Funktionsstörungen führen kann.

Nitrat (z.B. in **Beinwell** und **Spinat**, 0,5 bis 3 % in der Trockenmasse) wird im Tier zu Nitrit reduziert, welches das Hämoglobin der roten Blutkörperchen in Methämoglobin umwandelt. Dieses ist nicht mehr zum Sauerstofftransport fähig. In schweren Fällen verenden die Tiere unter tetanischen Krämpfen (Dauerkrämpfe vor allem im Bereich der Gliedmaßen). Saponine (z.B. in Beinwell und Spinat) zerstören die roten Blutkörperchen (Hämolyse) und führen deshalb bei Verfütterung in größeren Mengen über einen längeren Zeitraum zu einer Anämie (Blutarmut), erkennbar an äußerst blassen Schleimhäuten. Einige Pflanzen (z.B. **Kohl**) enthalten Senfölglykoside, die eventuell kropferzeugend wirken. **Buchweizen** enthält eine Substanz (Fagopyrin), welche die Tiere überempfindlich gegenüber Sonnenlicht macht (photosensibilisierende Wirkung). Werden Leguane nach Aufnahme von Buchweizenkeimlingen in die Sonne gesetzt, entwickeln sie eine Bindehautentzündung mit starker Schwellung der Augenlider. In dunkler Umgebung verschwinden diese Symptome ohne weitere Behandlung innerhalb von ein bis zwei Tagen.

Abb. 58. Bindehautentzündung aufgrund einer Überempfindlichkeit gegenüber Sonnenlicht nach Aufnahme von Buchweizen.

Abb. 59. Bei artgerechter Pflege können Grüne Leguane ein stattliches Alter erreichen.

4.8. Lebenserwartung im Terrarium

In der Literatur findet man kaum Angaben zur Lebenserwartung des Grünen Leguans. Dies liegt sicherlich auch oder vor allem daran, daß *Iguana iguana* bis vor wenigen Jahren – und leider zum Teil auch heute noch – nicht artgerecht gehalten und insbesondere falsch ernährt worden ist. Bis in die 60er Jahre war ein in den 30er Jahren im Londoner Zoo gepflegter Grüner Leguan das am ältesten (4 Jahre und 2 Monate) gewordene und in der Literatur veröffentlichte Exemplar (FLOWER 1937). Ein weiblicher Grüner Leguan hatte nachweislich über 15 Jahre in einem Zoo gelebt, bevor er bis zu seinem Tode nochmals beinahe sechs Jahre in der Universität Hohenheim gelebt hatte. Dieses Exemplar ist folglich über 21 Jahre alt geworden (BOSCH 1987). Daß dies noch lange nicht das mögliche Höchstalter von *Iguana iguana* ist, belegen die Angaben von ROGERS (1997) über einen Leguan, der fast 28 Jahre alt geworden ist. Artgerechte Pflege vorausgesetzt, sollten 15 bis 20 Jahre alt gewordene Grüne Leguane in Zukunft eigentlich die Regel sein. Das erreichbare Höchstalter liegt sicherlich noch höher als bisher bekannt. Ich halte es durchaus für möglich, daß einzelne Exemplare von *Iguana iguana* über 30 Jahre alt werden können (KÖHLER 1991b), insbesondere, weil einige Exemplare von *Cyclura pinguis* und *Cyclura stejnegeri* über 40 Jahre alt geworden sind (CAREY 1975, WIEWANDT 1977).

5. Zucht

Die erste Veröffentlichung über einen Nachzuchterfolg bei *Iguana iguana* stammt aus dem Jahre 1962 (VAN BAGH 1962). Ein Jahr später berichtet ENDERLEIN (1963), daß er bereits 1957 in Schweden den Grünen Leguan vermehren konnte. Seit diesen Meldungen wurden immer wieder Zuchterfolge veröffentlicht (VAN APEREN 1969, HUN 1972, VAN ROON 1976, DEDEKIND 1977, BRAUNWALDER 1979, HOWARD 1980, MENDELSSOHN 1980, BANKS 1984, KAAL 1984 KÖHLER 1988b, c, KLÁTIL 1993, KÖHLER 1993, SCHARDT 1993, SCHILLING 1994, DIVERS 1995, KROKER 1995, LORENZ 1995, KROKER 1996, SCHARDT 1996, KROKER 1997, SÜß 1997, PICHLER 1999).

Abb. 60. Jungtier des Grünen Leguans beim Schlupf.

Auch über die Nachzucht in der zweiten Generation wurde bereits berichtet (SCHARDT 1993). Aufgrund der heutigen Kenntnisse über die Biologie und Bedürfnisse von *Iguana iguana* sowie der vielfältigen technischen Möglichkeiten sind wir bei entsprechendem Engagement sicher in der Lage, den Grünen Leguan kontinuierlich erfolgreich zu züchten.

Abb. 61. Nachzuchttiere im Terrarium.
Foto: J. Pichler

5.1. Paarung

Die Dauer der Paarungssaison kann individuell sehr unterschiedlich sein. Manche Männchen sind nur ein paar Tage, andere volle drei Monate in Paarungsstimmung. Äußerlich erkennbare Anzeichen der Paarungsbereitschaft bei Leguanmännchen sind:

- intensivere Färbung, bei *I. i. rhinolopha* eine Orangefärbung von Kopf, Vorderbeinen und Rückenkamm,
- vergrößerte Femoralporen und verstärkte Femoralporensekretion,
- häufiges Imponieren und Kopfnicken,
- Unruhe und Bewegungsdrang,
- verminderter Appetit,
- Ausstülpen der Hemipenes.

Unter Terrarienbedingungen – wahrscheinlich abhängig vom jeweiligen klimatischen Jahresrhythmus – wurden Kopulationen zu jeder Jahreszeit beobachtet. Beim selben Züchter jedes Jahr jedoch wieder zur gleichen Zeit, so daß auch im Terrarium der einjährige Reproduktionszyklus streng eingehalten wird. Pro Saison und Paar werden in Gefangenschaft bis zu 10 Paarungen festgestellt. Bei meinen Leguanen konnte ich bisher im Dezember und Anfang Januar Paarungen beobachten.

Die **Geschlechtsreife** erreichen Grüne Leguane im Terrarium etwas früher als in der Natur, und zwar im Alter von etwa zwei – in Ausnahmefällen sogar nur einem Jahr (KROKER 1997).

Die Paarung findet in der gleichen Weise wie bei wildlebenden Artgenossen statt. Wie ich selbst beobachten konnte, kann es auch zwischen zwei Weibchen zu Paarungsversuchen kommen, allerdings nur während der Paarungssaison. Das Tier in der »Männchenrolle« setzt in üblicher Weise den Paarungsbiß in der Nackenregion, führt seinen Schwanz unter den des anderen Weibchens, so daß es zum Kloakenkontakt kommt. Das Tier in der »Weibchenrolle« wehrt sich in der Regel kaum gegen die Paarungsversuche des anderen Weibchens und hebt als Zeichen der Paarungsbereit-

Abb. 62. Auch Weibchen zeigen Imponiergehabe. Foto: B. Kroker

Abb. 63. Paarung im Terrarium.
Foto: J. Pichler

schaft eventuell sogar die Schwanzwurzel an. Die beobachteten Versuche dauerten zwischen 3 und 8 Minuten. Über die Geschlechtszugehörigkeit gab es in diesen Fällen keinen Zweifel, da alle diese Weibchen bereits (z.T. bis zu sechs) befruchtete Eigelege abgesetzt hatten. Man muß bei der Interpretation von Verhaltensbeobachtungen sehr kritisch sein. Sogar beobachtete »Paarungen« sind kein Beweis dafür, daß man auch wirklich ein Paar besitzt (KÖHLER 1991a).

Auch bei **einzeln gehaltenen Weibchen** kommt es immer wieder vor, daß diese – natürlich unbefruchtete – Eigelege absetzen. Das Anbilden der Eier wird offensichtlich weniger von stattgefundenen Paarungen als vom jeweiligen Terrarienklima beeinflußt.

Während der Paarungszeit verhalten sich manche Männchen sehr **aggressiv** gegenüber dem Pfleger, so daß dann besondere **Vorsicht** geboten ist (FRYE et al. 1991, HATFIELD 1997). Männliche Leguane sind dann besonders unberechenbar. Grundsätzlich sollte man beim Umgang mit erwachsenen Leguanen Vorsicht walten lassen und niemals sein Gesicht in die Reichweite der starken Kiefer bringen. Während der Paarungszeit sollte man Spiegel und andere reflektierende Gegenstände aus der Umgebung der Leguane entfernen, da das Aggressionsverhalten der Männchen auch durch ihr eigenes Spiegelbild ausgelöst wird. Beim Umgang mit Leguanen gilt allgemein, aber besonders während dieser Zeit, daß man vorsichtig und behutsam, aber bei Bedarf auch energisch und entschlossen handelt, um die eigene Sicherheit zu wahren und dem Leguan zu vermitteln, daß man selbst und nicht der Leguan die dominante Persönlichkeit ist. Ängstlichkeit, unsicheres Auftreten oder gar Flucht stimulieren den Leguan nur, sein Aggressions- und Dominanzverhalten gegenüber dem Pfleger voll zu entfalten.

Eine Reduktion von Licht, Wärme oder Futter sind tierfeindliche Maßnahmen, die zu Gesundheitsschäden bei den Leguanen führen. Erfahrungen über Kastrationen von Leguanen und deren Folgen auf

Verhalten und Gesundheit sind noch nicht ausreichend untersucht, so daß ich zum jetzigen Zeitpunkt dringend von derartigen Eingriffen abrate.

5.2. Trächtigkeit

Die **Trächtigkeitsdauer** liegt je nach Bedingungen zwischen 6 und 12, in der Regel jedoch zwischen 8 und 10 Wochen. Die ersten 5 bis 6 Wochen sind durch Heißhunger des Weibchens gekennzeichnet.

Während dieser Periode sollte es soviel Futter wie es aufnimmt und zur Deckung des erhöhten Proteinbedarfs auch etwas tierische Nahrung (maximal 1 Maus pro Woche) erhalten.

Auf genügende **Vitamin- und Mineralstoffversorgung** ist während der Trächtigkeit unbedingt zu achten.

Ein bis zwei Wochen vor der Eiablage stellen die Weibchen die Nahrungsaufnahme ein. Ungefähr vier bis fünf Wochen vor der Ablage macht sich ein **erhöhtes Trinkbedürfnis** bemerkbar, das bis nach dem Absetzen der Eier anhält und dem durch tägliches Anbieten von Trinkwasser (angereichert mit einem Teelöffel Calcium-Lactat pro 250 ml) Rechnung getragen werden muß. Gegen Ende der Trächtigkeit wird das Weibchen sehr **unruhig**, will aus dem Terrarium heraus und sucht nach einem geeigneten Eiablageplatz.

5.3. Eiablage

Die Schaffung geeigneter Eiablageplätze im Terrarium ist nicht nur notwendig, um zu erreichen, daß das trächtige Weibchen sein Gelege überhaupt absetzt und nicht an Legenot erkrankt, sondern auch, um sicherzustellen, daß die Eier nicht an Orten abgesetzt werden, die für sie lebensfeindlich sind. Wenn die Eier aufgrund ungeeigneter Eiablageplätze ausgekühlt, überhitzt, zu

Abb. 64 (oben). Trächtiges Leguanweibchen; deutlich sind die durch die Eier entstandenen Wölbungen zu erkennen.

Abb. 65 (unten). Leguanweibchen unmittelbar nach der Eiablage.

Abb. 66. Die Eiablagekiste noch ohne Substrat mit geöffnetem Deckel.

Abb. 67. Weibchen in der fertigen Eiablagekiste. Fotos: J. Pichler

trocken oder zu naß, und dadurch geschädigt wurden, kann selbst eine optimale Inkubationstechnik keinen Schlupferfolg bringen. Auch besteht bei Mangel an geeigneten Eiablageplätzen die Gefahr, daß die Eier übertragen werden und absterben.

Die Schaffung eines geeigneten **Eiablageplatzes** im Terrarium bereitet oftmals Schwierigkeiten, so daß es beim Grünen Leguan im Terrarium oftmals zur Legenot kommt, welche eine häufige Todesursache der Weibchen darstellt.

Eine einfache, mit Substrat gefüllte Wanne ist als Eiablageplatz nicht geeignet. Für Großleguane (*Iguana, Ctenosaura, Cyclura*) hat sich ein künstlicher Eiablageplatz bewährt, der aus einer Röhre und einer Nestkammer besteht (Werner & Miller 1984, Köhler 1993, 1997b). Als Röhre kann eine feste Pappröhre und für die Nesthöhle eine Holzkiste verwendet werden. Dabei ist zu beachten, daß der Durchmesser der Röhre und die **Größe der Eiablagekiste** so gewählt wird, daß das Weibchen gerade so hineinpaßt. Wenn das Tier in der Eiablagekiste den Kopf hebt,

80 x 40 x 15 cm
(Länge x Breite x Höhe)

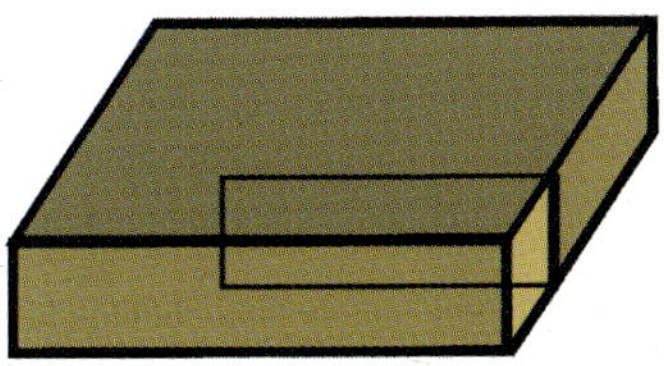

40 x 40 x 15 cm
(Länge x Breite x Höhe)

Abb. 68. Künstliche Eiablagekisten (n. Werner & Miller 1984).

muß es Kontakt zur »festen Decke über dem Kopf« haben. Dies scheint eine wichtige Voraussetzung für die Annahme des Eiablageplatzes zu sein.

Darüber hinaus müssen unbedingt die klimatischen Bedingungen in der Höhle den Bedürfnissen von Weibchen und Eiern entsprechen. Die **Temperatur** sollte bei Großleguanen auf Werte zwischen 28 und 32 °C eingestellt werden (nachmessen!), da bei stärkeren Abweichungen von diesem Wert mit einem Absterben der Eier zu rechnen ist. Um eine natürliche Temperaturverteilung zu erreichen, empfiehlt es sich, den Eiablageplatz von oben zu erwärmen.

Die erwünschte Temperatur wird mit einem Dimmer oder durch Verändern des Lampenabstandes eingestellt. Die notwendige **Feuchtigkeit** wird erreicht, indem feuchtes Substrat in die Nesthöhle eingebracht wird. Hierbei eignet sich vor allem ein Torf-Blumenerde-Sandgemisch. Hobelspäne haben sich nicht bewährt, da diese an den frisch abgelegten, noch feuchten Eiern kleben bleiben und nur sehr schwer – oftmals mit einer Beschädigung der Eier verbunden – von der Schale gelöst werden können.

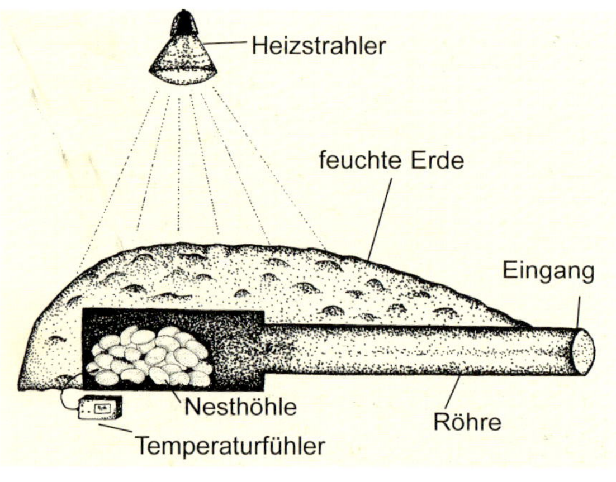

Auf folgende Punkt ist beim Eiablageplatz **ständig** zu achten:

- richtige Maße der Eiablagekiste
- stabile Temperatur
- Erwärmung von oben
- ständig! feuchtes Substrat
- keine Störungen (feuchtes Substrat nur nachts auffüllen)

Das Leguan-Weibchen scharrt in der Regel bei den zahlreichen **Probegrabungen** in den Tagen vor der Eiablage das gesamte Substrat aus der Höhle. Dadurch trocknet die Nesthöhle aus und es besteht die Gefahr, daß das Weibchen sie verlassen und nach einem geeigneteren Platz suchen würde. Der Pfleger müßte nun jedesmal, wenn das Weibchen die Höhle geleert hat, wieder feuchtes Substrat nachfüllen, was aber mit massiven Störungen für das Weibchen verbunden ist. Das Klima in der (leeren) Nesthöhle kann verbessert werden, indem auf die Nestkonstruktion ein Hügel aus feuchter Erde aufgeschüttet wird (s. Abb.69). Durch das Holz und die Pappe kann ständig Feuchtigkeit in die Nestkammer ziehen, so daß trotz

Abb. 69. Ein verbesserter Eiablageplatz mit stabileren Klimabedingungen entsteht durch das Aufschütten eines Hügels aus feuchter Erde.

fehlendem Substrat eine permanent hohe Feuchtigkeit und durch die puffernde Wirkung des Erdhügels stabilere Temperaturbedingungen herrschen.

Hat das Weibchen die künstliche Ablagekiste erst einmal angenommen, gräbt es ausdauernd im Inneren. In unregelmäßigen Abständen unterbricht es die Grabetätigkeit, schläft oder schaut aus dem Eingang heraus. Gegenüber anderen Leguanen verhält es sich überaus aggressiv, droht mit geöffnetem Maul, faucht und versucht zu beißen. Die Eiablage selbst dauert in der Regel zwei bis vier Stunden.

In den Fällen, in denen das Weibchen die angebotenen Ablageplätze nicht annimmt, muß man, wenn der physiologische Ablagetermin überschritten ist, die Eiablage mit Hilfe von **Oxytocin** einleiten. Hierzu muß man jedoch unbedingt einen Tierarzt zu Rate ziehen. In jedem Fall muß vor Beginn einer Oxytocintherapie geklärt werden, ob das Tier auch wirklich trächtig ist (z.B. mit Hilfe einer Ultraschall- oder Röntgenaufnahme), da es eine Reihe von Erkrankungen gibt, deren Symptome denen einer fortgeschrittenen Trächtigkeit sehr ähnlich sind. Hierzu gehören z.B. multiple Ovarialzysten und Tumoren mit multiplen Metastasen in der hinteren Leibeshöhle (GROẞ 1989).

Abb. 70. Das trächtige Weibchen hat den Eiablageplatz angenommen und verteidigt ihn gegenüber Artgenossen.

Abb. 71. Nach der Eiablage wird das Nest zugegraben. Foto: J. Pichler

Abb. 72. Weibchen beim Absetzen eines befruchteten Eies.

Abb. 73 . Weibchen mit Legenot; man beachte den aufgebogenen Rücken, die geschlossenen Augen und die eingefallene Schwanzwurzel.

Eine **Legenot** äußert sich darin, daß das Weibchen ruhiger wird, sich scheinbar wieder normal verhält und eventuell sogar zu fressen beginnt. Gerade dann wird es kritisch. Nicht abgesetzte beschalte Eier können nicht mehr resorbiert werden. Ihr Inhalt verkäst, und sie verkleben mit dem Eileiter. Nach 2 bis 4 Wochen stirbt das Weibchen schließlich an einer eitrigen Eileiterentzündung, meist in Verbindung mit einer Peritonitis. Im günstigeren Fall kann es zu sogenanntem »**Verwerfen der Eier**« kommen, was sich darin äußert, daß das Weibchen nach Überschreiten des physiologischen Eiablagetermins das Gelege nicht vergräbt, sondern die Eier wahllos im Terrarium verstreut. Dabei ist zu beachten, daß diese Tiere oftmals nicht alle Eier verwerfen, sondern zwei bis drei im Eileiter verbleiben, wo sie zu obengenannten Komplikationen führen können. Um sicher zu sein, daß auch wirklich das gesamte Gelege abgesetzt worden ist, sollte man bei diesen Weibchen unbedingt eine Röntgenaufnahme anfertigen lassen.

Die **Gelegegröße** hängt vor allem von der Größe und Kondition des Weibchens ab und variiert zwischen 6 und 77 (meist 30 bis 40) Eiern pro Gelege (WIEWANDT 1982, KÖHLER 1988b, WERNER 1991, KROKER 1996). Der Anteil des Geleges an der Körpermasse des Weibchens vor der Ablage beträgt nach eigenen Messungen etwas mehr als ein Drittel. Vor allem bei reichlicher Fütterung kommt es vor, daß Weibchen sehr große Gelege heranbilden, wodurch sich das Risiko einer Legenot erhöht (PICHLER 1999).

5.4. Inkubation

Befruchtete Eier haben direkt nach der Ablage eine deutlich sichtbare 11 x 13 bis 18 x 22 mm große Keimscheibe, wiegen 14 bis 17 g, sind 26 bis 28 mm breit und 37 bis 40 mm lang. Unbefruchtete Eier wiegen hingegen im Durchschnitt nur 8 bis 10 g und sind maximal 24 x 26 mm groß (KÖHLER 1988b, 1988c). Die Eischale besteht aus einer Faserschicht, die auf der Außenseite mit einer kristallinen Kruste überzogen ist.

Abb. 74 . Das rechte Ei ist befruchtet , das linke kleinere Ei ist unbefruchtet.

Der Anteil der unbefruchteten Eier ist in der Regel gering (0-10 %, in Ausnahmefällen jedoch bis 50 % [BRAUN-WALDER 1979]). Das Gelege muß zur Inkubation in einen Brutschrank überführt werden. Der Inkubator, den ich seit Jahren mit Erfolg zum Ausbrüten von Echseneiern (z.B. *Tupinambis teguixin* [KÖHLER 1989a], *Podarcis sp.*, *Gerrhosaurus validus* [KÖHLER 1990b], *Eublepharis macularius*, *Ctenosaura bakeri* [KÖHLER 1998], *Iguana iguana)* verwende, entspricht dem von BROER & HORN (1985) beschriebenen Motorbrüter. Eine ausführliche Beschreibung zum Bau eines solchen Brutschrankes befindet sich in dem Buch »Inkubation von Reptilieneiern« (KÖHLER 1997).

Zur Aufnahme der Eier dienen durchsichtige Glasschalen, auf deren Boden zunächst eine Schicht Blähton und dann das Inkubationssubstrat kommt. Ein Plastikrohr, das bis zum Boden reicht, wird zur indirekten Befeuchtung des Substrates benötigt (siehe Abb. 75). Als Substrat zur Zeitigung von Leguaneiern haben sich insbesondere ein Torf-Sand-Gemisch (3:1),

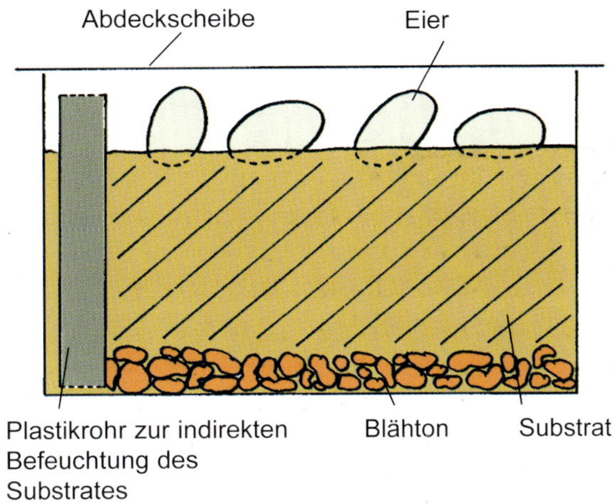

Abb. 75 (Mitte). Schema einer Brutschale zur Aufnahme der Eier.

Abb. 76. Geöffneter Brutschrank.
Foto: B. Kroker

Abb. 77. Vermiculite eignet sich sehr gut als Brutsubstrat. Foto: J. Pichler

Abb. 78. Leguangelege auf Torf-Sand-Gemisch als Brutsubstrat.

Vermiculite und Perlite bewährt (MILLER 1987, KÖHLER 1988b, PHILLIPS et al. 1990). Jedoch wurden auch mit Schaumstoff, reinem Torf, Sand und *Sphagnum*-Moos Leguaneier erfolgreich gezeitigt (VAN BAGH 1962, VAN APEREN 1969, HUN 1972, DEDEKIND 1977, BRAUNWALDER 1979).

Die Eier sollten nur zu 1/2 bis 3/4 in das leicht feuchte Substrat eingegraben und dürfen während der Inkubation nicht gedreht werden. Man kann die Oberseite der Eier mit einem weichen Bleistift markieren. Leguaneier sind offensichtlich gegenüber starken Temperaturschwankungen sehr empfindlich (LICHT & MORBERLY 1965). Die **Bruttemperatur** sollte deshalb konstant auf einen Wert zwischen 28 und 30 °C eingestellt sein.

Da wahrscheinlich auch beim Grünen Leguan das Geschlecht von der Inkubationstemperatur bestimmt wird und durch hohe Temperaturen das Geschlechterverhältnis zugunsten der Männchen verschoben wird, sollte die Inkubationstemperatur nicht höher als 30 °C sein. Bei Werten unter 27 °C verlangsamt sich die Entwicklung sehr, was zu einer übermäßig langen Inkubationsdauer von 118 bis 139 Tagen und einer Zunahme der Brutverluste führt (KROKER 1996). Auch wurde beobachtet, daß diese bei niedrigeren Temperaturen bebrüteten Jungtiere wesentlich länger (24-48 Stunden) zum Schlüpfen benötigten als Jungtiere bei 28-30 °C (10-14 Stunden). Manche der bei 26 °C inkubierten Tiere waren zu schwach, um die Eihülle zu durchstoßen und starben während des Schlupfvorgangs oder waren zu erschöpft, um den Dottersack vollständig aufzunehmen (KROKER 1996).

Eine zu hohe **Substratfeuchtigkeit** (feuchter als -100 kPa) führt schnell zum Absterben der Eier, so daß ich empfehle, das Substrat eher trockener (»krümelig-feucht«: -200 bis -500 kPa, KÖHLER 1997a) zu halten. Eier, die aufgrund von zu geringer Feuchtigkeit Einbuchtungen aufweisen, werden vollständig in leicht feuchtes Substrat eingegraben. In der Regel »erholen« sie sich durch Wasseraufnahme innerhalb von zwei bis drei Tagen und werden wieder prall-elastisch. Auf die Inkubationsdauer hat die Substratfeuchtigkeit zumindest bei den Eiern des Grünen Leguans keinen nennenswerten Einfluß, wohl aber auf die Größe der Schlüpflinge und deren Dottervorrat (PACKARD et al. 1992).

Die größten Brutverluste hat man meist in den ersten vier Wochen der Inkubation. Bei befruchteten Eiern guter Qualität und guten Inkubationsbedingungen liegt die Schlupfrate bei Gelegen von *Iguana iguana* bei über 80 Prozent. Die nachfolgend beschriebenen Probleme treten vor allem dann auf, wenn die Qualität der Eier nicht optimal ist. Wenn aufgrund von Mangelerscheinungen des Muttertieres Nährstoffe, Vitamine oder Mineralstoffe im Ei fehlen, oder wenn die Eier aufgrund ungeeigneter Eiablageplätze ausgekühlt, überhitzt, zu trocken oder zu naß und

Abb. 79. Eier mit Einbuchtungen aufgrund zu niedriger Substratfeuchtigkeit werden vollständig in leicht feuchtes Substrat eingegraben.

dadurch geschädigt worden sind, kann selbst eine optimale Inkubationstechnik keinen Schlupferfolg bringen.

Die **Kondition des Muttertieres** hat großen Einfluß auf die Qualität und die inhaltliche Ausstattung der Eier. Bei einem bestehenden Protein-, Vitamin- oder Mineralstoffmangel des Muttertieres werden diese Substanzen auch in den Eiern nicht in ausreichender Menge vorhanden sein. Der Embryo wird sich dann so weit entwickeln, bis ein lebenswichtiger Nährstoff im Ei aufgebraucht ist. Dies kann früh in der Embryonalentwicklung sein, aber möglicherweise auch erst gegen Ende der Inkubationsperiode. In manchen Fällen entwickelt sich das Jungtier bis zur Schlupfreife, ist dann aber aufgrund einer Mangelerscheinung zu schwach, um den anstrengenden Schlupfakt zu schaffen. Rettet man solche lebensschwachen Jungtieren vor dem Ersticken im Ei durch manuelle Schlupfhilfe, sterben sie meist trotz intensiver Pflegemaßnahmen in den ersten Lebenswochen.

Abgestorbene Eier verfärben sich grün-gelblich, weisen eine schmierige Oberfläche, Schimmelpilzbefall und/oder einen unangenehmen Geruch auf. Der Dotter gerinnt und verfestigt sich dadurch, was beim Befühlen der weichschaligen Eiern festzustellen ist. Abgestorbene Eier sind auch oftmals daran zu erkennen, daß das Inkubationssubstrat an der dann meist feucht-schmierigen Schale haftet, was bei gesunden Eiern mit trockener Schale nicht der Fall ist. Allerdings können auch Eier, die sich normal entwickeln, unansehnlich wirken, eine bräunlich-schmutzige Schale aufweisen und Einbuchtungen aufweisen.

Solange von den Eiern kein unangenehmer Geruch ausgeht, sollten sie weiter bebrütet werden.

Bei **Schimmelpilzbefall** (»Verpilzen«) der Eier ist der Schimmelrasen entweder auf eine kleine Stelle beschränkt oder er überzieht die gesamte Eischale. In der Regel betreffen Pilzinfektionen nur geschädigte bzw. abgestorbene Eier, so daß eine Behandlung meist erfolglos ist. Eier, deren Schale vollständig von einem Schimmelpilzrasen überzogen sind, müssen aussortiert werden, da bei diesen die Embryonen ohnehin längst abgestorben sind und ein Übergreifen der Pilzinfektion auf gesunde Eier zu befürchten ist.

Es kann jedoch vorkommen, daß eine Pilzinfektion auf gesunde Eier übergreift und bei diesen zunächst auf eine kleine Stelle beschränkt ist. In diesen Fällen empfiehlt sich, antimykotische Salben oder Pulver (z.B. Canesten, Exoderil, Mycophag, Miconazol) mit Hilfe eines Wattestäbchens dünn auf die betroffenen Stellen aufzutragen (Köhler 1990, Rutschke 1994, Fuhri 1996). Wenn der Embryo noch lebt und durch den Pilz oder dessen Toxine noch nicht geschädigt worden ist, besteht die Chance, daß das Jungtier normal schlüpft (Köhler 1997).

Im Laufe der Inkubation werden die Eier durch Wasseraufnahme schwerer und größer. Kurz vor dem Schlupf jedoch verlieren sie an Gewicht und weisen Einbuchtungen auf. Interessanterweise werden

Abb. 80. Bakterielle Infektionen bei Eiern eines Schwarzleguans (*Ctenosaura pectinata*).

Abb. 81. Aus unansehlichen Eiern mit schmutziger Schale können gesunde Jungtiere schlüpfen. Foto: B. Kroker

diese Eier augenblicklich wieder prall, wenn man sie vorsichtig in die Hand nimmt. Sobald das betroffene Ei in das Substrat zurückgelegt worden ist, »entspannt« es sich wieder und weist erneut Einbuchtungen auf. Der Mechanismus hierfür ist allerdings unbekannt, eventuell spielen mechanische Reize sowie der plötzliche Temperaturunterschied, dem das Ei ausgesetzt ist, eine Rolle. Die Eischale wird gegen Ende der Inkubationsperiode dünn und pergamentartig.

In den Eiern abgestorbene vollentwickelte, also schlupfreife Jungtiere sind meist auf eine mangelhafte Vitamin- und Mineralstoffversorgung des Muttertieres zurückzuführen.

Jedoch kann auch eine zu hohe Substratfeuchtigkeit gegen Ende der Inkubationsperiode durch zu hohen Druck im Eiinnern zum Absterben des Fetus führen. Inwieweit zu dicke Eischalen ein Schlupfhindernis darstellen können, ist bislang nur unbefriedigend untersucht worden. Die Schalen von Eiern, die sich über den physiologischen Ablagezeitpunkt hinaus im Eileiter befinden, erhalten zusätzliche Mineralstoffeinlagerungen und können bei Tieren mit chronischer Legenot massive Kalkverkrustungen aufweisen. Auch Mißbildungen der Jungtiere, welche in manchen Fällen nicht einmal sehr auffällig sein müssen (z.B. die fehlende Anlage des Eizahnes) kommen als Ursache für das Unvermögen zu schlüpfen in Frage.

Abb. 82. Nur bei guter Kondition schafft der Jungleguan den anstrengenden Schlupfakt. Foto: J. Pichler

Abb. 83. Erfolgreiche Eizeitigung auf Torf-Sand-Gemisch.

Wenn der errechnete Schlupftermin überschritten ist, neigt man dazu, die verbliebenen Eier manuell zu öffnen und somit »**Schlupfhilfe**« zu leisten. Abgesehen davon, daß die Eier in der Regel zu früh geöffnet werden, das betroffene Jungtier dadurch noch nicht lebensfähig ist und schließlich stirbt, besteht durch Eingriffe dieser Art langfristig die Gefahr, daß Terrarienpopulationen einer Tierart herangezüchtet werden, deren Jungtiere nicht mehr in der Lage sind, ohne »Schlupfhilfe« das Ei zu verlassen. Schließlich kann man im Einzelfall das Vorhandensein von genetisch fixierten Ursachen für die Schlupfunfähigkeit nicht ausschließen.

Hinzu kommt, daß manchmal Jungtiere selbstständig schlüpfen, die sich als nicht lebensfähig erweisen, kümmern und schließlich sterben. Da stellt sich dem ernsthaften Reptilienzüchter die Frage, ob er unter diesem Aspekt diejenigen Jungtiere, die nicht einmal in der Lage sind, ihre Eischale ohne menschliche Hilfe zu verlassen, künstlich am Leben erhalten soll.

Um dem Absterben schlupfreifer Jungtiere im Ei vorzubeugen, sollte man unbedingt auf eine optimale Ernährung der Elterntiere (insbesondere die ausreichende Versorgung mit Vitaminen und Mineralstoffen), auf geeignete Eiablageplätze (Legenotprophylaxe) und auf nicht zu hohe Substratfeuchtigkeit während der Inkubation achten.

5.5. Schlupf

Die Zeitigungsdauer ist vor allem abhängig von der Bruttemperatur (VAN ROON 1976, MENDELSSOHN 1980, KÖHLER 1988c, PHILLIPS et al. 1990), wird aber auch vom Stadium der embryonalen Entwicklung zum Zeitpunkt der Eiablage beeinflußt.

Bei 29 bis 30 °C schlüpfen Grüne Leguane in der Regel 70 bis 90 Tage nach der Eiablage.

Kurz vor dem Schlupf kann man manchmal einen süßlichen Geruch im Brutschrank wahrnehmen (MILLER 1987).

Das Jungtier schlitzt das Ei an einer Stelle mit seinem Eizahn, der sich auf der Schnauzenspitze befindet, von innen auf. Nachdem es seine Schnauze oder sogar den ganzen Kopf ins Freie gebracht hat, verharrt der kleine Leguan noch mehrere Stunden im Ei, um den verbliebenen Dotter in die Leibeshöhle aufzunehmen und von der embryonalen Atmung (Gasaustausch über Chorio-Allantois-Membran) auf die Lungenatmung überzugehen. Nachdem das Jungtier die schützende Eihülle verlassen hat, ist es gleich äußerst schreckhaft und flink, so daß das Herausfangen aus dem Brutschrank oft gar nicht so einfach ist.

Insbesondere wenn Jungtiere beim Schlupf durch Hantieren im Brutschrank (z.B. beim Herausfangen eines bereits geschlüpften Leguans) gestört werden, kommt es vor, daß sie ihr Ei verlassen, bevor sie den **Dottersack** vollständig resorbiert haben. Tiere mit einem Dottersackanhängsel (s. Abb. 86-87) kommen für etwa einen Tag in eine Schüssel, die mit feuchtem Fließpapier ausgelegt und mit Gaze verschlossen ist, in den Brutschrank zurück. Erst wenn der kleine Leguan den Dottersackrest abgeschnürt und verloren hat, kann er ins Aufzuchtterrarium gesetzt werden. Die frisch geschlüpften Jung-

Abb. 84. Ein Jungtier verläßt die schützende Eihülle. Foto: J. Pichler

tiere wiegen 8 bis 16 g (im Durchschnitt 10 g), weisen eine KRL von 55 bis 70 mm (im Durchschnitt 62 mm) und eine Gesamtlänge von 180 bis 260 mm (im Durchschnitt 230 mm) auf.

Der Anteil an mißgebildeten Nachzuchttieren ist bei optimalen Inkubationsbedingungen gering (0-5 %). Sind die Embryonen jedoch stärkeren Temperaturschwankungen ausgesetzt, können bis zu 100 % der Tiere Mißbildungen aufweisen (BRAUNWALDER 1979). Häufige Miß-

Foto: J. Pichler

bildungen sind Wirbelsäulen- und Schwanzverkrümmungen, unvollständige Ausbildung der Extremitäten und Augenschäden (Mikrophthalmie, Exophthalmus) (APEREN 1969, BRAUNWALDER 1979, MILLER 1987). Über eine Zwillingsgeburt bei *Iguana iguana* berichten BRAUNWALDER (1979) und SCHARDT (schriftl. Mitt. 1997).

5.6. Aufzucht der Jungtiere

Die Jungtiere dürfen keinesfalls mit den erwachsenen Tieren zusammengehalten werden, da die Gefahr des Kannibalismus besteht.

Für die Aufzucht gelten die gleichen Klimabedingungen wie für die erwachsenen Tiere, nur darf die Nachttemperatur nicht unter 25 °C sinken.

Direkt nach dem Schlupf häuten sich die Grünen Leguane erstmals. Während der ersten Woche zehren sie von ihrem Dottervorrat, der beim frisch geschlüpften Leguan durchschnittlich 13,6 % der Körpermasse ausmacht. Innerhalb dieser Zeit verbrauchen sie etwa 70 % des Dotters. Eine kleine Menge ist jedoch auch noch fünf Wochen nach dem Schlupf nachweisbar.

Im Alter von 6 bis 9 Tagen nehmen die Nachzuchtleguane ihre **erste Nahrung** zu sich. Bei meinen Tieren waren das zarte Löwenzahnblätter, geriebene Karotten und Wachsmottenlarven. Solange die Tiere noch nicht regelmäßig fressen, muß ihnen mehrmals täglich **Trinkwasser** (angereichert mit einer Messerspitze Calcium-Lactat pro 250 ml) mittels Spritzflasche oder Pipette angeboten werden.

Äußerst vorsichtig sollte man mit dem Verfüttern von sehr reifem Obst (z.B. Mango, Banane, Birne, Pflaume) sein, da dieses bei Jungtieren zu lebensgefährlichen feinschäumigen Gärungen führen kann.

In den ersten Tagen nach dem Schlupf sind Grüne Leguane äußerst schreckhaft. Dies legt sich jedoch bald, wenn man ruhig und geduldig mit ihnen umgeht.

Das Fressen von Kot kann man bei den Nachzuchttieren recht häufig beobachten. Diese Koprophagie dient dem Aufbau der autochthonen Darmflora. Das Verfüttern von Kot erwachsener Leguane ist bedenklich, da die Gefahr besteht, daß mit einer derartigen Kost nicht nur die notwendigen Darmbakterien, sondern auch Parasiten und andere Krankheitserreger übertragen werden. Da das Immunsystem der jungen Leguane noch nicht so effektiv wie das der erwachsenen Tiere arbeitet, können gewisse Parasiten (z.B. Flagellaten), mit denen die erwachsenen Leguane meist ohne Schwierigkeiten leben, in kurzer Zeit zu ernsthaften Erkrankungen und Todesfällen bei Jungtieren führen. Aus diesem Grund empfehle ich, statt Kot den Nachzuchttieren ungedüngte Gartenerde als Quelle für Darmmikroben anzubieten.

Abb. 88 (oben). Zusätzlich zu einer Wasserschale wird den Juntieren in den ersten Tagen Trinkwasser mit einer Pipette angeboten. Foto: B. Kroker

Abb. 89 (unten). Im Alter von 6 bis 9 Tagen nehmen die Nachzuchtleguane die erste Nahrung zu sich. Foto: B. Kroker

Abb. 86-87. Oft besitzen frisch geschlüpfte Grüne Leguane noch einen kleinen Dottersackrest (oben), den sie innerhalb eines Tages abschnüren und verlieren (unten).

Abb. 90. Häutung bei einem wenige Tage alten Jungtier.

Bei genügender und regelmäßiger Vitamin- und Mineralstoffversorgung wachsen die Jungtiere rasch heran und erreichen nach einem Jahr ein Gewicht von durchschnittlich 150 bis 165 g (max. 360 g) bei einer KRL von 140 bis 160 mm (max. 225 mm) und einer Gesamtlänge von 50 bis 70 cm (max. 83 cm).

Die KRL nimmt monatlich um durchschnittlich 8 mm, die Gesamtlänge um durchschnittlich 29 mm zu. Eine Verdoppelung bzw. Verdreifachung der KRL und der Gesamtlänge ist nach 6,5 bzw. 14,5 bis 15,5 Monaten, die des Gewichtes nach 2 bzw. 3,5 Monaten erreicht. Das 10- bzw. 20fache Schlupfgewicht wird nach durchschnittlich 8,5 bzw. 13,5 Monaten erreicht (KÖHLER 1990a).

Streßfaktoren wirken sich nachteilig auf die Wachstumsgeschwindigkeit aus. So konnten ALBERTS et al. (1994) zeigen, daß der bloße Sichtkontakt mit einem erwachsenen Männchen genügte, um das Wachstum von Jungtieren deutlich zu bremsen. Dieser negative Effekt auf die Wachstumsgeschwindigkeit der juvenilen Grünen Leguane wurde noch verstärkt durch Geruchskontakt (Pheromone) mit einem erwachsenen Männchen. Der chronische Streß spiegelte sich auch in niedrigeren Testosteronspiegeln bei den Jungtieren wider (ALBERTS et al. 1994).

Mögliche **Streßfaktoren** für die Jungtiere sind:

- Kontakt zu erwachsenen Tieren
- eine zu hohe Besatzdichte
- Einzelhaltung
- ungünstige Klimabedingungen (zu kalt, zu warm, zu trocken)

Auch falsche Ernährung (Mangelerscheinungen) und Probleme mit Krankheitserregern (z.B. Parasitenbefall) können die Ursache dafür sein, daß die Jungtiere nicht normal wachsen. Leguane, die einen Teil des Schwanzes verlieren, bleiben im Wachstum zunächst deutlich hinter ihren gleichaltrigen Artgenossen zurück (RAND & BOCK 1992).

Während des ersten Lebensjahres befinden sich die Leguane praktisch ständig in **Häutung**. Haben sie den Schwanz vollständig gehäutet, beginnt die Haut meist schon wieder am Kopf aufzuplatzen. Adulte Exemplare häuten sich hingegen nur noch ein- bis zweimal jährlich.

6. Erkrankungen

In diesem Kapitel sollen nur die Probleme und Krankheiten besprochen werden, die besonders häufig bei Grünen Leguanen auftreten. Als weiterführende Literatur sei auf KÖHLER (1996d) verwiesen.

Grüne Leguane **niesen** in regelmäßigen Abständen, was man keinesfalls als »Erkältung« deuten darf, wie dies oft geschieht. Vielmehr handelt es sich hierbei um völlig normale Absonderungen der in der Nasenhöhle gelegenen Salzdrüsen.

Sie dienen der extrarenalen Elektrolytausscheidung, wobei die Exkretion von Natrium-, Kalium- und Chlorionen im Vordergrund steht. Das Niesen ist bei *Iguana iguana* also ein physiologischer Vorgang, der im Dienste des Wasser- und Elektrolythaushaltes steht (KÖHLER 1989d). Häufig sind diese Salze als weißlicher Belag an den Nasenlöchern zu sehen.

6.1. Parasiten

Parasiten (vor allem Milben sowie diverse Nematoden und Einzeller) können ein lebensbedrohliches Problem für Grüne Leguane darstellen, sind aber bei Beachtung einiger wichtiger Grundsätze in Griff zu bekommen. Die wichtigste präventivmedizinische Maßnahme bei der Reptilienpflege ist eine **Quarantäne**. Wenn sie mindestens 6-8 Wochen fachgerecht durchgeführt und von diagnostischen Untersuchungen (z.B. parasitologische Kotuntersuchung, Amöbenkulturen) begleitet wird, stellt sie einen wirksamen Schutz vor der Einschleppung von Parasiten und anderen Krankheitserregern dar. Die Quarantänebehälter müssen leicht zu reinigen und zu desinfizieren sein.

In der Umgebung von Reptilien sollte man nur Desinfektionsmittel auf Peroxid- oder Alkoholbasis, keinesfalls aber phenolhaltige Präparate verwenden (KÖHLER 1989c).

Zu den Ektoparasiten gehören Zecken und Milben. **Zecken** werden nach Bestreichen mit Chloroform oder Alkohol mit drehenden Bewegungen mechanisch entfernt.

Abb. 91. Grüner Leguan mit einer Zecke an der Kehlwamme.

Die Beseitigung von **Milben** – in der Regel handelt es sich um *Ophionyssus natricis* – bereitet mehr Probleme, da es bislang kein sicher wirkendes Präparat gegen Milben gibt, das gleichzeitig harmlos für Reptilien ist. Da es sich bei der Behandlung um eine Art »Gratwanderung« handelt, muß man mit viel Fingerspitzengefühl vorgehen. Um zu einem Therapieerfolg zu gelangen, müssen grundsätzlich Tier und Terrarium behandelt werden. Bewährt haben sich Insekten-Strips mit dem Wirkstoff Dichlorvos (z.B. Baygon-Insektenstrip). Mit Neguvon (Wirkstoff Trichlorphon) sollte man sehr vorsichtig umgehen, da es bereits mehrfach zu Todesfällen geführt hat. Sowohl Dichlorvos als auch Trichlorphon sind Phosphorsäureester (»Organophosphate«) und stören durch die (reversible) Hemmung des Enzyms Acetylcholin-Esterase die Übertragung des Nervenimpulses auf den Muskel. Eine Vergiftung mit Phosphorsäureestern während der Milbenbehandlung äußert sich dadurch, daß der betroffene Leguan apathisch wirkt und einen schwankenden Gang, Muskelzittern und Koordinationsstörungen aufweist. Dann muß die Behandlung augenblicklich abgebrochen, der Insektenstrip entfernt und das Terrarium gut belüftet werden. In leichteren Fällen verschwinden die Vergiftungssymptome innerhalb von wenigen Tagen. Bei schweren Vergiftungen empfiehlt sich die Gabe eines Antidots (Atropin-Sulphat) durch den Tierarzt.

6.2. Nahrungsverweigerung

Wenn Grüne Leguane nicht oder nur schlecht fressen, so kann dies verschiedene Gründe haben. Man sollte versuchen, durch das »Ausschlußverfahren« die Ursache(n) für die fehlende Futteraufnahme herauszufinden (vgl. Diagramm S. 68).

Auch »normale« Umstände können der Grund für fehlende Futteraufnahme sein. Trächtige Weibchen verweigern in den letzten zwei bis drei Wochen vor der Eiablage oftmals jegliche Nahrung. Auch zeigen viele Männchen während der ein- bis zweimonatigen Paarungszeit eingeschränkten oder fehlenden Appetit. Diese Ursachen bedürfen natürlich keiner Behandlung. Neben diesen normalen Ursachen kommen haltungs-, streß- und krankheitsbedingte Ursachen für eine Nahrungsverweigerung in Betracht.

Zunächst sollte man prüfen, ob bei den Haltungsbedingungen oder der Futterzusammensetzung Verbesserungen möglich sind.

Eine zu kühle Haltung ist ein häufiger Grund für den fehlenden Appetit der Tiere. Bei 25-28 °C Körpertemperatur laufen die Verdauungsfunktionen bei den Leguanen nicht optimal ab, was zu einer reduzierten oder fehlenden Futteraufnahme führt. Deshalb sollten die Tiere die Möglichkeit haben, ihre Körpertemperatur tagsüber bei 35-37 °C zu halten.

Abb. 92. Es ist normal, daß die Weibchen 2-3 Wochen vor der Eiablage keine Nahrung mehr aufnehmen.

Foto: B. Kroker

Auch einseitige oder **falsche Ernährung** kann die Ursache für die Nahrungsverweigerung sein.

Leguane können sehr empfindlich auf einen **Umgebungswechsel** reagieren. Dies gilt vor allem für erwachsene Tiere. Völlig gesunde Exemplare verweigern als Antwort auf einen Besitzerwechsel oftmals wochenlang die Nahrungsaufnahme. Optimale Pflegebedingungen, ein vielseitiges Futterangebot und viel Geduld sind notwendig, um den Tieren die Eingewöhnung zu erleichtern und sie wieder zur normalen Futteraufnahme zu bewegen.

Wenn man die eben genannten Ursachen ausschließen kann, bleiben fast nur noch krankheitsbedingte Gründe für die Nahrungsverweigerung der Leguane. Im Prinzip führt jede schwere Erkrankung schließlich zur Nahrungsverweigerung.

Bei Jungtieren ist häufig ein **Parasitenbefall** ursächlich beteiligt, während bei mehrjährigen Leguanen oftmals **Organerkrankungen** (Gicht, Arteriosklerose, Tumoren) festgestellt werden. Auch Darmverstopfungen, die durch Kotanschoppungen bedingt sein können, führen zur Nahrungsverweigerung.

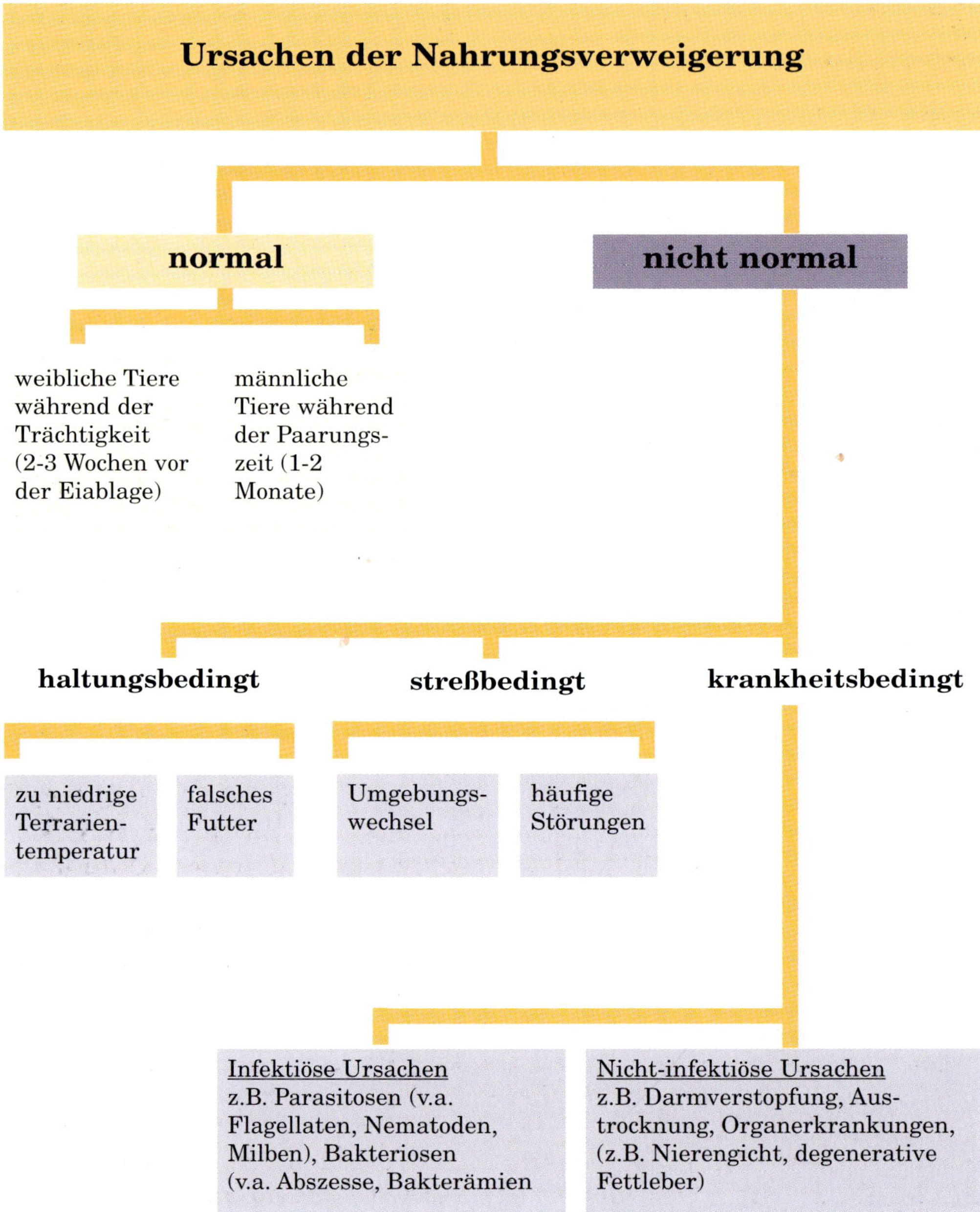

Abb. 93 (oben). Übersicht über die möglichen Ursachen einer Nahrungsverweigerung.

6.3. Stoffwechselerkrankungen

Als überwiegend pflanzenfressende Echse ernährt sich der Grüne Leguan in der Natur sehr ballaststoffreich, aber protein-, fett- und purinarm. Das Endprodukt des Protein- und Purinstoffwechsels ist bei Reptilien Harnsäure, die mit Hilfe der Nieren ausgeschieden wird. Werden Grüne Leguane im Terrarium massiv mit protein- und purinreicher Nahrung (z.B. Mäusen, Fisch, Ei, Hunde- und Katzenfutter aus der Dose) gefüttert, kommt es zu einer vermehrten Harnsäurebildung. Das Überschreiten der Ausscheidungskapazität führt zu einem erhöhten Harnsäurespiegel im Blut (Hyperurikämie) und schließlich zu Ablagerungen von harnsauren Salzen (Uraten) in den Nieren (»Nierengicht«), den Gelenken (»Gelenkgicht«) und den Eingeweiden (»Viszeralgicht«, vor allem der Leber und des Herzbeutels). Eine Austrocknung (Exsikkose) der Tiere fördert die Ausfällung von Harnsäuresalzen.

Da Grüne Leguane offensichtlich zu **Gicht** neigen und eine Heilung kaum möglich ist, sollte man sich um so mehr bemühen, diese Erkrankung durch richtige Ernährung zu vermeiden. Mittels einer klinisch-chemischen Blutuntersuchung läßt sich ein erhöhter Blutharnsäurespiegel schon im Frühstadium der Erkrankung nachweisen (FRANK 1978). Gesunde Grüne Leguane besitzen Blutharnsäurespiegel, die etwa bei 53,5-392,3 µM/l liegen (KÖHLER 1996b).

Abb. 94. Durch die richtige Ernährung lassen sich viele Erkrankungen vermeiden.

Sehr häufig leiden junge Grüne Leguane an Knochenstoffwechselerkrankungen, wie **Osteodystrophie** und **Rachitis**. Die Nebenschilddrüse (Parathyreoidea) ist ein kleines Organ, das – wie ihr Name schon sagt – unmittelbar neben der Schilddrüse an der Luftröhre zu finden ist. Sie spielt im Calciumstoffwechsel eine wichtige Rolle. Die Grundursache der Osteodystrophie ist ein falsches Verhältnis von Calcium zu Phosphor in der Nahrung. Optimal ist ein Verhältnis von 1,0-1,5:1,0 (Ca:P) (FRYE 1981).

Wenn nun über längere Zeit dieses Verhältnis zugunsten des Phosphors verschoben wird, kommt es zu

Abb. 95. Fibröse Osteodystrophie aufgrund falscher Ernährung. Deutlich sind die Umfangsvermehrungen am Unterkiefer sowie an Ober- und Unterschenkeln zu erkennen.

einer verstärkten Aktivität (Überfunktion) der Nebenschilddrüse (Hyperparathyreoidismus), so daß sie vermehrt ein Hormon (das Parathormon) produziert und ins Blut abgibt. Dieses Hormon bewirkt eine Mobilisierung des Calciums der Knochen, so daß das Skelett entmineralisiert wird.

Insbesondere bei den Knochen, die einer stärkeren mechanischen Belastung ausgesetzt sind (vor allem Knochen der Extremitäten sowie die der Kiefer), versucht der Organismus den Stabilitätsverlust durch Zubildung von Bindegewebe auszugleichen. Dies führt zu einer Umfangsvermehrung der betroffenen Knochen, welche leicht durch Abtasten feststellbar ist. Andere Knochen (z.B. Schädel) werden durch diese Entmineralisierung weich und verformbar.

Auch diese Stoffwechselstörung kann man mit Hilfe einer Blutuntersuchung frühzeitig diagnostizieren, wobei dem Calcium- und Phosphorspiegel und der Alkalischen Phosphataseaktivität im Blutserum eine besondere Bedeutung zukommen. Gesunde Grüne Leguane haben Calciumspiegel von 1,8-3,3 mM/l und Phosphorspiegel von 1,3-2,9 mM/l (Köhler 1996b).

Da man Calcium kaum überdosieren kann, gilt zur Vorbeugung, daß man eher zuviel als zuwenig Mineralstoffe ins Futter geben sollte. Außerdem sollte man immer geriebene Sepiaschale anbieten, die in der Regel gern gefressen wird. Jungtiere, die besonders anfällig für diese Stoffwechselstörung sind, erhalten zusätzlich zu den Mineralstoffgaben täglich Calcium-Lactat. Pflanzen mit einem ungünstigen Ca:P-Verhältnis sollte man nicht zu häufig füttern, bzw. das Verhältnis durch Calciumgaben verbessern.

Einmal vorhandene Umfangsvermehrungen von Knochen lassen sich nicht wieder rückgängig machen. Man kann nur versuchen, den Krankheitsprozeß zu stoppen, indem man dem Tier massiv Calcium (z.B. Calcium-Lactat oder Calcium-Gluconat) zuführt.

Einer **Rachitis** liegt ein Vitamin-D-Mangel zugrunde, der zu einer ausbleibenden Mineralisierung des Knochengewebes führt. Im Gegensatz zur Osteodystrophie kommt es bei dieser Stoffwechselstörung nicht zu einer Umfangsvermehrung der weichen Knochen. Um eine Hypovitaminose-D, also eine Unterversorgung mit Vitamin D, zu vermeiden, sollte man unbedingt auf regelmäßige Vitamingaben in der angegebenen Dosierung achten.

In der Literatur finden sich mehrere Berichte von **Hypervitaminosen-D** beim Grünen Leguan, die zu Verkalkungen geführt haben (Frye 1981, Pallaske 1961, Schuchmann & Taylor 1970, Still & Berünek 1984, Wallach 1966).

Inzwischen ist allgemein bekannt, daß eine Ergänzung der Nahrung mit Multivitamin- und Mineralstoffpräparaten zur Gesunderhaltung der Pfleglinge notwendig ist. Allerdings führt eine Überversorgung mit Vitaminpräparaten zu ernsten Gesundheitsstörungen, die nur schwer zu behandeln sind.

Ein Zuviel an Vitamin D_3 bedingt einen ständig erhöhten Blutcalciumspiegel (Hyperkalzämie) und schließlich Ablagerungen von Calciumsalzen in Organen, wobei fibroelastische Gewebe der Arterien (vor allem Mediaverkalkung der Aorta, Pulmonal- und Nierenarterien) in besonderem Maße betroffen sind.

Ab welcher Dosierung es beim Grünen Leguan zur Vitamin-D_3-Vergiftung kommt, ist nicht bekannt. Erste Therapieversuche einer Hypervitaminose-D wurden von Frye et al. (1991) bei zwei Exemplaren von Grünen Leguanen mit einem gewissen Erfolg durchgeführt.

6.4. Erste Hilfe Maßnahmen

Bis ein kranker oder verletzter Leguan in tierärztliche Behandlung kommt, vergeht meist einige Zeit. Durch geeignete, vom Pfleger durchgeführte Maßnahmen können in vielen Fällen die Heilungsaussichten verbessert werden.

Auch im Terrarium können sich eine Reihe von Unfällen mit zum Teil schweren Verletzungen ereignen. **Bißverletzungen** sollten mit steriler physiologischer Lösung (z.B. 0,9 %ige NaCl-Lösung) gereinigt und mit 70 %igem Alkohol oder Betaisodona-Lösung desinfiziert werden. Keinesfalls dürfen jedoch alkohol- und jodhaltige Präparate (z.B. Betaisodona) gleichzeitig angewendet werden .

Größere **Zusammenhangstrennungen** müssen nach Reinigung und Desinfektion genäht werden. Nicht infizierte Verletzungen werden mehrere Tage lang mit Lebertransalbe (z.B. Unguentolan Wund und Brandsalbe) behandelt. Haben sich Bißverletzungen infiziert und entzündet, was man daran erkennt, daß der Wundbereich stark anschwillt und näßt, so ist die Behandlung wesentlich aufwendiger und sollte nur in Zusammenarbeit mit einem Tierarzt (Resistenztest, Antibiose, unterstützende Therapie) durchgeführt werden.

Häufig führt das Einklemmen in Türen oder Schiebescheiben zu **Schwanzverletzungen**. Kommt es zur vollständigen Durchtrennung, so erfordert dies meist keine weite-

Abb. 96. Dieses Jungtier hat sich Verbrennungen an einem frei zugänglichen Heizstrahler im Terrarium zugezogen.

ren Maßnahmen. Ist der Schwanz nur teilweise durchtrennt, so kann man den Verlust in manchen Fällen verhindern. Die Wunde wird gereinigt und mit einem Verband versehen. Bei kleinen Leguanen hat sich – wie auch bei Schwanzbrüchen – die Verwendung von Plastikstrohhalmen zur Stabilisierung bewährt.

Bei Wildfängen kommt es immer wieder zu **Schnauzenverletzungen**, die nur schlecht heilen und oft zu Abszessen in diesem Bereich führen. So lange keine Entzündung vorliegt, können diese Verletzungen mit Lebertransalbe versorgt werden. Dies gilt auch für **Krallenverletzungen** und ausgerissene Krallen. Bei lokalen Entzündungsprozessen haben sich Antiseptika wie Betaisodona-Lösung bzw. -Salbe sehr bewährt.

Verbrennungen durch nicht sicher installierte Wärmestrahler, Heizmatten, Heizkabel etc. werden zunächst gereinigt und mit Lebertransalbe abgedeckt. Tiere mit großflächigeren Verbrennungen müssen unbedingt dem Tierarzt vorgestellt werden, da es zu schwerwiegenden Komplikationen wie z.B. Exsikkose, Sepsis, Nierenversagen, Leberschäden und Schock kommen kann.

Auch Leguane, die einen **Darm- oder Hemipenisvorfall** aufweisen, müssen so schnell wie möglich in tierärztliche Behandlung. Um zu vermeiden, daß das vorgefallene Gewebe austrocknet, verletzt wird und abstirbt, sollte man es mit steriler physiologischer Lösung abspülen und mit einem feuchten Verband versehen. Allerdings bedeutet nicht jedes Ausstülpen der Hemipenes außerhalb der Paarungszeit, daß der Leguan einen Hemipenisvorfall hat und in ärztliche Behandlung muß. Manche Tiere haben die Angewohnheit, nach jedem Koten kurzzeitig die Hemipenes auszustülpen. Bedenken sind angebracht, wenn ein Vorfall dieses Organs mehrere Minuten und länger andauert.

7. Danksagung

Abb. 97. Männlicher Grüner Leguan im Terrarium. Foto: M. Schardt

Viele Leguanfreunde haben mich dankenswerterweise großzügig unterstützt, indem sie mir ihre Erfahrungen sowie unveröffentlichte Aufzeichnungen und Fotos für dieses Buch zur Verfügung stellten.

Besonders bedanken möchte ich mich bei Dr. WOLFGANG HICKLER, Mühlheim, BERTHOLD KROKER, Rainau; STEFAN LENHART, Queidersbach; THOMAS MARTIN, Nürnberg; Dr. JOHANNES PICHLER, Neustadt und MICHAEL SCHARDT, Pohlheim. Für die sorgfältige Durchsicht des Manuskriptes und Ergänzungen zum Kapitel »Wie wird mein Leguan zutraulicher?« bedanke ich mich bei BERTHOLD KROKER. Bei SABINE und CHRISTIAN FURTWÄNGLER, Tengen, bedanke ich mich für die Zeichnungen zum Thema Terrarienbau.

8. Literatur

APEREN, W. VAN (1969): Notes on the artificial hatching of Iguana eggs. - Int. Zoo Yb. 9: 44-45.

BAER, D.J. (1994): The nutrition of herbivorous reptiles. In: MURPHY, J.B., K. ADLER & J.T. COLLINS (Hrsg.): Captive management and conservation of amphibians and reptiles. - SSAR Contributions to Herpetology, Ithaca, New York, 11: 83-90.

BAGH, S. VAN (1962): Die Zucht des Grünen Leguans (*Iguana iguana iguana*) im hohen Norden. - D. Aquar. Terrar. Zschr. 15 (8): 244-247.

BAKHUIS, W.L. (1982): Size and sexual differentiation in the lizard *Iguana iguana* on a semi-arid island. - J. Herpetol. 16 (3): 322-325.

BANKS, C. B. (1984): Reproductive history of a colony of captive common iguanas (*Iguana iguana*). - Acta zool. Path. Antverp. 78: 101-114.

BRAUNWALDER, M.E. (1979): Über eine erfolgreiche Zeitigung von Eiern des Grünen Leguans, *Iguana iguana,* und die damit verbundene Problematik. Salamandra 15 (4): 185-210.

BROER, W. & H.G. HORN (1985): Erfahrungen bei Verwendung eines Motorbrüters zur Zeitigung von Reptilieneiern. - Salamandra 21 (4): 304-310.

BURGHARDT, G.M., H.W. GREENE & A.S. RAND (1977): Social behavior in hatchling green iguanas: life at a reptile rookery. - Science 195: 689-691.

BURGHARDT, G.M. & A.S. RAND (1982): Iguanas of the world. - Noyes Publications, Park Ridge, NJ,: 472 S.

BURGHARDT, G.M. & A.S. RAND (1985): Group size and growth rate in hatchling green iguanas (*Iguana iguana*). - Behav. Ecol. Sociobiol. 18: 101-104.

CALGUA, A. (1996): Erfahrungen bei der Zucht des Grünen Leguans. - IGUANA-Rundschreiben 9 (16): 25-28.

CAREY, W.M. (1972): Some notable longevity records for captive iguanas. Int. Zoo Yb. 12: 154-156.

DEDEKIND, K. (1977): Beobachtungen beim Schlupf und bei der Aufzucht eines Grünen Leguans, *Iguana iguana,* im Tierpark Berlin. - Zool. Garten N.F. 47 (6): 413-418.

DEVENDER, R.W. VAN (1982): Growth and ecology of spiny-tailed and green iguanas in Costa Rica, with comments on the evolution of herbivory and body size. - In: BURGHARDT, G.M. & A.S. RAND (Hrsg.): Iguanas of the world: 162-183.

DISTEL, H. & J. VEAZEY (1982): The behavioral inventory of the green iguana, *Iguana iguana*. - In: Burghardt & Rand (Hrsg.): Iguanas of the world: 252-270.

DUGAN, B.A. (1982a): A field study of the headbob displays of male green iguanas (*Iguana iguana*): variation in form and context. - Anim. Behav. 30: 327-338.

DUGAN, B.A. (1982b): The mating behavior of the green iguana, *Iguana iguana*. - In: Burghardt & Rand (Hrsg.): Iguanas of the world: 320-341.

ENDERLEIN, R. (1963): Freilandhaltung und Zucht des Grünen Leguans, *Iguana iguana*, in Schweden. - Zool. Garten N.F. 28 (1): 1-7.

FITCH, H.S. & R.W. HENDERSON (1977): Age and sex differences, reproduction and Conservation of *Iguana iguana*. - Milwaukee Public Mus. Contr. Biol. Geol. 13: 1-21.

FRANK, W. (1978): Blutharnsäurewerte und viszerale Gicht bei Reptilien. Prakt. Tierarzt 59: 115-121.

FROST, D.R. & R. ETHERIDGE (1989): A phylogenetic analysis and taxonomy of iguanian lizards (Reptilia: Squamata). - Univ. Kansas Mus. Nat. Hist. Misc. Publ., Lawrence, 81: 1-65.

FRYE, F.L. (1981): Biomedical and surgical aspects of captive reptile husbandry. -

Edwardsville (Kansas) (Vet. Med. Publ. Comp.), 456 S.

FRYE, F.L., D.R. MADER & B.V. CENTOFANTI (1991): Interspecific (lizard:human) sexual aggression in captive iguanas (*Iguana iguana*): A preliminary compilation of eighteen cases. - Bull. Assoc. Amphib. Rept. Vet. 1 (1): 4-6.

FUHRI, C. (1996): Successful treatment of fungal-infected iguana eggs. - Iguana Times 5 (1): 21.

GEHRMANN, W.H. (1994a): Light requirements of captive amphibians and reptiles. In: MURPHY, J.B., K. ADLER & J.T. COLLINS (Hrsg.): Captive management and conservation of amphibians and reptiles. - SSAR Contributions to Herpetology, Ithaca, New York, 11: 53-59.

GEHRMANN, W.H. (1987): Ultraviolet irradiances of various lamps used in animal husbandry. - Zoo. Biol. 6: 117-127.

GEHRMANN, W.H. (1994b): Spectral characteristics of lamps commonly used in herpetoculture. - Vivarium, Lakeside, 5 (5): 16-21, 29.

GREENE, H.W., G.M. BURGHARDT, B.A. DUGAN & A.S. RAND (1978): Predation and defensive behavior of green iguanas. - J. Herpetol. 12 (2): 169-176.

GROß, R. (1989): Vermeintliche Trächtigkeit bei *Iguana iguana*. - IGUANA-Rundschreiben, Hanau, 1989 (4): 15-16.

GRZIMEK, B. (Hrsg.) (1971): Grzimeks Tierleben. Band 6. Kriechtiere. - Zürich (Kindler Verlag).

HARRIS, D.M. (1982): The phenology, growth, and survival of the green iguana, *Iguana iguana,* in northern Columbia. - In: BURGHARDT, G.M. & A.S. RAND (Hrsg.): Iguanas of the world: 150-161.

HATFIELD, J.W. (1997): Methods for dealing with aggression in adult green iguanas. - Vivarium, Lakeside, 9 (1): 17-18.

HAZLETT, B.A. (1980): Temporal pattern of the assertion display of the lizard *Iguana iguana*. - Herpetologica 36 (3): 221-224.

HENDERSON, R.W. (1974): Aspects of the ecology of the juvenile common iguana (*Iguana iguana*). - Herpetologica 30 (4): 327-332.

HENDERSON, R.W. & H.S. FITCH (1978): Dragons: 25 c/lb . - Animal Kingdom 81 (1): l2-17.

HIRTH, H.F. (1963): Some aspects of the natural history of *Iguana iguana* on a tropical strand. - Ecology 44 (3): 613-615.

HOWARD, C.L. (1980): Notes on the maintenance and breeding of the common iguana (*Iguana iguana iguana*) at Twycross Zoo. - In: TOWNSON, S. et al. (Hrsg.): The care and breeding of captive reptiles, The Brit. Herp. Soc., London 1980: 47-50.

HUN, E. (1972): Erfolgreiche Zucht des Grünen Leguans, *Iguana iguana*. Salamandra 8 (2): 101.

KAAL, J.W. (1984): Ervaringen met verzogin en kweek van de groene leguaan (*Iguana iguana*). - Lacerta, Leiden, 42 (6):113-115

KÖHLER, G. (1988a): Der kleine Tip: Frischfutter aus dem »Bio-Snacky«. - Sauria, Berlin, 10 (1): 24.

KÖHLER, G. (1988b): *Iguana iguana*. Amph.-/Rept.-Kartei, Beilage in Sauria, Berlin, 10 (3):115-118.

KÖHLER, G. (1988c): Die Zucht des Grünen Leguans in Gefangenschaft. IGUANA-Rundschreiben, Hanau, 1 (2): 19-29.

KÖHLER, G. (1989a): Lebensweise, Haltung und Nachzucht von *Tupinambis teguixin* (LINNAEUS, 1758) (Sauria: Teiidae Vivarium, Lakeside, - Salamandra 25 (1): 25-38.

KÖHLER, G. (1989b): Behandlung eines ventral im Rachen gelegenen Abszesses beim Grünen Leguan. - IGUANA-Rundschreiben, Hanau, 2 (1):18-19.

KÖHLER, G. (1989c): Zur Desinfektion in Terrarien. - IGUANA-Rundschreiben, Hanau, 2 (2/3): 7.

KÖHLER, G. (1989d): Anmerkungen zu *Enyaliosaurus quinquecarinatus*. Sauria, Berlin, 11 (3): 21-22.

KÖHLER, G. (1990a): Das Wachstum des Grünen Leguans (*Iguana iguana*) in den ersten 18 Lebensmonaten. IGUANA-Rundschreiben, Hanau, 3 (1): 14-19.

KÖHLER, G. (1990b): Pflege und Nachzucht der Felsenschildechse *Gerrhosaurus validus* (SMITH 1849). - Sauria, Berlin, 12 (4): 27-29.

KÖHLER, G. (1991a): Gleichgeschlechtliches Verhalten bei *Iguana iguana*. - IGUANA-Rundschreiben, Hanau, 4 (1): 5-7.

KÖHLER, G. (1991b): Zur Lebenserwartung des Grünen Leguans, *Iguana iguana*. - IGUANA-Rundschreiben, Hanau, 4 (1): 11-12.

KÖHLER, G. (1992a): Artgerechte Ernährung und ernährungsbedingte Erkrankungen des Grünen Leguans, *Iguana iguana* (LINNAEUS 1758). - Sauria, Berlin, 14 (1): 3-8.

KÖHLER, G. (1992b): Die Bedeutung von *Entamoeba invadens* bei der Vergesellschaftung von Echsen oder Schlangen mit Schildkröten. - Sauria, Berlin, 14 (4): 31-34.

KÖHLER, G. (1993): Der Grüne Leguan 2. Aufl. - Offenbach (Herpeton): 115 S.

KÖHLER, G. (1996a): Haltungsfehler bei Grünen Leguanen. - DATZ, Stuttgart, 49 (2): 99-102.

KÖHLER, G. (1996b): Krankheiten der Amphibien und Reptilien. - Stuttgart (Ulmer): 168 S.

KÖHLER, G. (1997a): Inkubation von Reptilieneiern. - Offenbach (Herpeton): 205 S.

KÖHLER, G. (1997b): Zur Eiablage von Großleguanen in der Natur und im Terrarium. - IGUANA Rundschreiben, Offenbach, 10 (17): 32-36.

KÖHLER, G. (1998): Der Grüne Leguan - Biologie, Pflege, Zucht, Erkrankungen. - Offenbach (Herpeton): 158 S.

KROKER, B. (1995): Erfolgreiche Nachzucht von 71 Grünen Leguanen. - IGUANA-Rundschreiben 8 (15): 30-33.

KROKER, B. (1996): Zeitigung von Eiern des Grünen Leguans bei niedrigen Inkubationstemperaturen. - IGUANA-Rundschreiben 9 (16): 16-22.

KROKER, B. (1997): Geschlechtsreife bei Nachzuchttieren von *Iguana iguana*. - IGUANA-Rundschreiben 10 (17): 29-31.

KROKER, B. (1999): Ernährung von Grünen Leguanen. - IGUANA-Rundschreiben 12 (22): 40-45.

LICHT, P. & W.R. MORBERLY (1965): Thermal requirements for embryonic development in the tropical lizard *Iguana iguana*. - Copeia 1965 (4): 515-517.

MARTENS, H., M. MÜLLER-BOGE & F. BÖHMER (1997a): Die neue EU-Artenschutzverordnung ab 1. Juni 1997 - Informationen für Terrarianer. - Elaphe N.F., Rheinbach, 5 (2): 43-45.

MARTENS, H., M. MÜLLER-BOGE & P. BOYE (1997b): Die geänderte Bundesartenschutzverordnung seit 14. Juni 1997 - Informationen für Terrarianer. - Elaphe N.F., Rheinbach, 5 (3): 26-27.

MCBEE, R.H. & V.H. MCBEE (1982): The hindgut fermentation in the green. iguana. - In: BURGHARDT, G.M. & A.S. RAND (Hrsg.): Iguanas of the world: 77-83.

MCGINNES, S.M. & C.W. BROWN (1966): Thermal behavior of the green iguana, *Iguana iguana*. - Herpetologica 22 (3): 189-199.

MENDELSSOHN, H. (1980): Observations on a captive colony of *Iguana iguana*. - SSAR Contributions to Herpetology No. 1: 119-123.

MERITT, D.A. (1981): The green iguana, *Iguana iguana*: Behavioral observations and natural history. - Bull. Chicago Herpet. Soc. 16 (3): 59-64.

MILLER, T.J. (1987): Artificial incubation of eggs of the green iguana (*Iguana iguana*). - Zoo. Biology 6: 225-236.

MÜLLER, V.H. (1968): Untersuchungen über Wachstum und Altersverteilung einer Population des Grünen Leguans, *Iguana iguana iguana*. - Mitt. Inst. Colombo-Aleman Invest. Cient. 2: 57-65.

MÜLLER, V.H. (1972): Ökologische und ethologische Studien an *Iguana iguana* in Kolumbien. - Zool. Beitr. 18: 109-131.

PACKARD, J.D., J.A. PHILLIPS & G.C. PACKARD (1992): Sources of mineral for green iguanas (*Iguana iguana*) developing in eggs exposed to different hydric environments. - Copeia 1992 (3): 851-858.

PALLASKE, G. (1961): Gefäßwandveränderungen bei D-Hypervitaminose eines Leguans. - Berl. Münchn. tierärztl. Wochenschr. 74: 132.

PHILLIPS, J.A., A. GAREL, G.C. PACKARD & M.J. PACKARD (1990): Influence of moisture and temperature on eggs and embryos of green iguanas (*Iguana iguana*). - Herpetologica 46 (2): 238-245.

PICHLER, J. (1999): Superfertilität beim Grünen Leguan - Segen oder Problem? - IGUANA Rundschreiben 12 (1): 15-17.

RAND, A.S. (1968a): A nesting aggregation of iguanas. - Copeia 1968: 552-561.

RAND, A.S. (1968b): Desiccation rates in crocodile and iguana eggs. - Herpetologica 24 (2): 178-180.

RAND, A.S. (1972): The temperature of iguana nests and their relation to incubation optima and to nesting sites and season. - Herpetologica 28: 252-253.

RAND, A.S. & B.C. BOCK (1992): Size variation, growth and survivorship in nesting green iguanas (*Iguana iguana*) in Panama. - Amphibia-Reptilia, Leiden, 13: 147-156.

RAND, A.S. & B.A. DUGAN (1983): Structure of complex iguana nests. Copeia 1983 (3): 705-711.

RAND, A.S., B.A. DUGAN, H. MONTEZA & D. VIRANDA (1990): The diet of a generalized folivore: *Iguana iguana* in Panama. - J. Herpetol., Athens (Ohio), 24 (2):211-214.

RAND, A.S. & H.W. GREENE (1982): Latitude and climate in the phenology of reproduction in the green iguana, *Iguana iguana*. - In: BURGHARDT, G.M. & A.S. RAND (Hrsg.): Iguanas of the world: 142-149.

RENSCH, B. & C. ADRIAN-HINSBERG (1963): Die visuelle Lernkapazität von Leguanen. - Z. Tierpsychologie 20: 34-42.

RIVAS, J.A. & T.M. ÁVILA (1996): Sex identification in juvenile green iguanas (*Iguana iguana*) ny cloacal analysis. - Copeia 1996 (1): 219-221.

RODDA, G.H. (1991): Sexing *Iguana iguana*. - Bull. Chicago Herp. Soc. 26: 173-175.

ROGERS, K.L. (1997): *Iguana iguana* (Green Iguana). Longevity. - Herp. Review 28 (4): 203.

ROON, H.D. VAN (1976): Verzorging en voortplanting von de groene leguaan *Iguana iguana* in gevangenschap. - Lacerta, Leiden, 34 (6/7): 71-77.

RUTSCHKE, J. (1994): Haltung und Zucht der Äskulapnatter *Elaphe longissima* (LAURENTI, 1768). - Herpetofauna, Weinstadt, 16 (89): 14-24.

SCHARDT, M. (1993): Die Zucht des Grünen Leguans *Iguana iguana* in der F2-Generation. - IGUANA-Rundschreiben 6 (11): 21-27.

SCHARDT, M. (1996): Zucht und Aufzucht des Grünen Leguans, *Iguana iguana rhinolopha* (WIEGMANN, 1898). - Herpetofauna, Weinstadt, 18 (101): 5-10.

SCHLAGEHAN, D. (1996): Futtergefäße für pflanzenfressende Echsen. - DATZ, Stuttgart, 49 (4): 267.

SCHUCHMANN, S,M. & D. TAYLOR (1970): Arteriosclerosis in an iguana (*Iguana iguana*). - J. Am. Vet. Med. Ass. 157: 614-616.

STILL, J. & L. BERÜNEK (1984): Calcification in green iguanas (*Iguana iguana*). - Verh.ber. Int. Symp. Erkrg. Zootiere 26: 321-324.

SÜß, R. (1997): Erfahrungen bei der Haltung und Zucht des Grünen Leguans. - IGUANA-Rundschreiben 10 (17): 37-40.

TROYER, K. (1982): Transfer of fermentative microbes between generations in a herbivorous lizard. - Science 216: 540-542.

TROYER, K. (1983a): Behavioral and physiological adaptations for herbivory in a neotropical lizard, *Iguana iguana*. Diss. abstr. int. (B) 43 (7): 2135.

TROYER, K. (1983b): Posthatching yolk energy in a lizard: utilization pattern and interclutch variation. - Oecologia (Berl.) 58 (3): 340-344.

TROYER, K. (1984a): Diet selection and digestion in *Iguana iguana:* The importance of age and nutritional requirements. - Oecologia, Berlin, 61 (2): 201-207.

TROYER, K. (1984b): Behavioral acquisition of the hindgut fermentation system by hatchling *Iguana iguana*. - Behavioral Ecol. Sociobiol. 14 (3): 189193.

TROYER, K. (1984c): Structure and function of the digestive tract of a herbivorous lizard, *Iguana iguana*. - Physiol. Zool. 57 (1): 1-9.

WALLACH, J.D. (1966): Hypervitaminosis D in green iguanas. - J. Am. Vet. Med. Ass. 149 (4): 912-914.

WALLACH, J.D. & C. HOESSLE (1968): Fibrous osteodystrophy in green iguanas. - J. Am. Vet. Med. Ass. 153: 863-865.

WELDON, P.J., B.S. DUNN, C.A. MCDANIEL & D.I. WERNER (1990): Lipids in the femoral gland secretions of the green iguana, *Iguana iguana*. - Biochem. Physiol. 95B: 541-543.

WERNER, D.I. (1988): The effect of varying water Potential on body weight, yolk and fat bodies in neonate green iguanas. - Copeia 1988 (2): 406-411.

WERNER, D.I. & T.J. MILLER (1984): artificial nests for female green iguanas. - Herp. Review 15 (2): 57-58.

WERNER, L. (1968): Beobachtungen an Grünen Leguanen. - Aquar. Terr. 15 (1): l8-23.

WESIAK, K. (1996): Zum Bau von Aquaterrarien für großwüchsige Warane. - Sauria, Berlin, 18 (1): 17-25.

ZWART, P. & C.C. VAN DEN WATERING (1969): - Disturbance of bone formation in the common iguana (*iguana iguana*): pathology and etiology. - Acta Zool. et Path. Antverp. 48: 333-356.

9. Erklärung einiger Fachausdrücke

adult: geschlechtsreif, erwachsen

caudal: am Schwanz, den Schwanz betreffend

Exophthalmus: Vordrängung des Auges

extrarenale Elektrolytausscheidung: nierenunabhängige Salzausscheidung

Femoralporen: artspezifisch angeordnete Drüsenöffnungen an der Unterseite der Oberschenkel

folivor: blattfressend

Geschlechtsdimorphismus: unterschiedliches Aussehen von geschlechtsreifen Männchen und Weibchen

Hämoglobin: Farbstoff der Roten Blutkörperchen

Hemipenes: paariges Kopulationsorgan der Echsen und Schlangen (Einzahl: Hemipenis)

herbivor: pflanzenfressend

i.m.: intramuskulär, in den Muskel infizieren

Inkubation: Erbrüten von Eiern, Zeitigung

juvenil: jugendlich, noch nicht geschlechtsreif

kg KM: Kilogramm Körpermasse

kloakal: in die Kloake

Koprophagie: Fressen von Kot

Kopulation: Paarung

KRL: Kopf-Rumpf-Länge, Entfernung Schnauzenspitze bis Kloake

Letaltemperatur: Temperatur, die für den Organismus tödlich ist

median: in der Mitte

Mikrophthalmie: Augenunterentwicklung

Ovulation: Eisprung

Oxytocin: wehenförderndes Hormon

parenteral: unter Umgehung des Magen-Darm-Kanals

pathologisch: krankhaft

Peritonitis: Bauchfellentzündung

Pheromon: hormonartiger Stoff, der in bestimmten Drüsen gebildet wird und in die Umgebung abgegeben wird. Er löst bei Artgenossen bestimmte Antwortreaktionen aus.

physiologisch: normal, der Gesundheit entsprechend

p.o.: per os, oral, ins Maul geben

Prädator: Freßfeind

Purine: aus den Nukleinsäuren des Zellkerns entstandene Verbindungen

Resistenztest: Antibiogramm, Empfindlichkeitsprüfung von Bakterienkulturen gegenüber Antibiotika

Sekret: Absonderung von Drüsen

semiadult: halberwachsen

semiarid: halbtrocken

Sepsis: »Blutvergiftung«, Allgemeininfektion mit eiterzeugenden Bakterien

Stomatitis: Mundschleimhautentzündung

sympatrisch: zusammen vorkommend

systemische Antibiose: Gabe von Antibiotika, mit dem Ziel, daß diese mit dem Blut im Körper verteilt werden

Testosteron: männliches Geschlechtshormon

Trachealabstrich: Abstrich von der Luftröhrenöffnung zur bakteriologischen, mykologischen oder parasitologischen Untersuchung

ventral: am Bauch

visuell: mit den Augen, Seh-, sehend

Titel zum Thema

Gunther Köhler

Der Grüne Leguan

Biologie • Pflege • Zucht • Erkrankungen

3. stark erweiterte Auflage 1998
160 S., 93 Farbfotos, 37 Zeichnungen und Diagramme, Festeinband, gebunden, DM 58,-

Dieses Standardwerk informiert ausführlich über Biologie, Pflege, Zucht und Krankheiten des Grünen Leguans und enthält einen ausführlichen Freilandteil.

Aus dem Inhalt: Ursprung und Besiedlungsgeschichte der Grünen Leguane, Name und Systematik, Anatomie, Verhalten, Körpersprache, Grüne Leguane im natürlichen Lebensraum, Ernährung freilebender Leguane, Fortpflanzung in der Natur, und vieles mehr ...

»... Wer sich auf irgendeine Weise, vor allem aber als interessierter Terrarienfreund und Tierpfleger mit Grünen Leguanen beschäftigt, kommt um dieses Buch nicht herum.« A. Falk; 1999: DATZ 52 (5)

Videofilm "Der Grüne Leguan"

VHS Videofilm, Farbe, 80 Min., DM 39,90
Produzent: A. Pfeiffer und Herpeton

Anschaulich werden Verhalten und Fortpflanzung sowie der Umgang mit den Leguanen, deren Unterbringung, Ernährung und tägliche Pflegemaßnahmen dargestellt.

»... So zeigt der Film dort Stärken, wo solche Handlungsfolgen (Paarung, Eiablage, Schlupf) gezeigt werden. ... Für praktizierende und ganz besonders angehende Leguanhalter ist die Anschaffung lohnenswert.« R. Mühleck, H. Werning; 1998: Reptilia 3 (2)

Gunther Köhler

Inkubation von Reptilieneiern

Mit Beiträgen von: B. Eidenmüller, M. Knirr, J. Krüger, W. Sachsse, R. Seipp u. R. Wicker
205 S., Festeinband, 68 Farbfotos, DM 78,-

Aus dem Inhalt: Entwicklung des Embryos im Reptilienei: Krokodile, Schildkröten, Echsen, Schlangen; Grundlagen der Inkubation: Einfluß der Temperatur, Einfluß der Feuchtigkeit, Abwehrmechanismen des Eies, Brutpflege bei Reptilien, Anleitung zum Bau eines Motorbrüters, Pflege und Kontrolle der Eier, Probleme bei der künstlichen Inkubation: Verderben von Eiern, Absterben von schlupfreifen Jungtieren, Künstliches Öffnen von Eiern, und vieles mehr ...

»... sicherlich das wichtigste und beste allgemein terrarienkundliche Werk der letzten Jahre ...« H. Werning; 1997: Reptilia 2 (4)

Fordern Sie unser kostenloses Gesamtprogramm an:

HERPETON
Verlag Elke Köhler Rohrstr. 22 • D-63075 Offenbach
Tel. 069-86777266 • Fax: 069-86777571